項羽本紀第七　　史記七

索隱曰項羽掘起爭雄一朝假號西楚竟未踐天子之位而身首別離斯亦不可稱本紀宜降為世家

項籍者下相人也 地理志臨淮有下相縣○索隱曰縣名屬臨淮案應劭云相水出沛國沛國有相縣其水下流又因置縣故名下相也○正義曰括地志云相故城在泗州宿預縣西北七十里秦縣項胡講反 籍秦昔反 字羽 索隱曰按亭傳籍字子羽也 初起時年二十四其季父項梁 索隱云崔浩云伯仲叔季兄弟之次故叔云叔父季云季父 梁父即楚將項燕 正義曰燕烏賢反 為秦將王翦所戮者也 始皇本紀云項燕自殺○索隱曰此云為王翦所殺與楚漢春秋同而始皇本紀云項燕自殺不同者蓋燕為王翦所圍逼而自殺故不同也 項氏世世為楚將封於項 索隱曰地理志項城縣屬汝南○正義曰括地志云今陳州項城縣城即古項子國 故姓項氏項籍少時學書不成去學劍又不成項梁怒之籍曰書足以記名姓而已劍一人敵不足學學萬人敵於是項梁乃教籍兵法籍大喜略知其意又不肯竟學項梁嘗有櫟陽逮 索隱曰按逮訓及謂有罪相連及為櫟陽縣所逮錄也故漢史制獄有逮捕○正義曰櫟音藥逮音代 乃請蘄 蘇林曰蘄音機縣屬沛國 獄掾曹咎書抵櫟陽獄掾司馬欣以故事得已 應劭曰項梁曾坐事傳繫櫟陽獄從蘄獄掾曹咎取書與司馬欣抵歸已上也韋昭曰抵至也謂梁嘗被櫟陽縣逮捕梁乃請蘄獄掾曹咎書至櫟陽獄掾司馬欣事故得止息也○索隱曰服虔云抵歸也劉伯莊云抵相憑託也 項梁殺人與籍避仇於吳中吳中賢士大夫皆出項梁下每吳中有大繇役及喪項梁常為主辦陰以兵法部勒賓客及子弟以是知

其能秦始皇帝游會稽渡浙江 索隱曰韋昭云浙江在今錢塘浙音
折晉灼音逝非也蓋其流曲折莊子所謂制河即其水也制折聲相近 梁與籍俱觀籍曰
彼可取而代也梁掩其口曰毋妄言族矣梁以
此奇籍籍長八尺餘力能扛鼎 韋昭曰扛舉也○索隱曰說文云扛
横關對舉也音江 才氣過人雖吳中子弟皆已憚籍矣秦
二世元年七月陳涉等起大澤中 索隱曰徐氏云在沛郡蘄縣
其九月會稽守 徐廣曰爾時未言太守○正義曰守音狩漢書云景帝中二年七月更郡守爲太守
通謂梁曰 楚漢春秋曰會稽假守殷通○正義曰按言假者兼攝之也 江西皆反
此亦天亡秦之時也吾聞先即制人後則爲人
所制 索隱曰謂先舉兵能制得人後則爲人所制故荀子曰制人之與爲人制也相去遠矣 吾欲發

兵使公及桓楚將 正義曰張晏云項羽殺宋義時桓楚爲羽使懷王 是時桓
楚亡在澤中梁曰桓楚亡人莫知其處獨籍知
之耳梁乃出誡籍持劒居外待梁復入與守坐
曰請召籍使受命召桓楚守曰諾梁召籍入須
臾梁眴籍曰可行矣於是籍遂拔劒斬守頭項
梁持守頭佩其印綬門下大驚擾亂籍所擊殺
數十百人 索隱曰此不定數也自百已下或至八十九十故云數十百 一府中皆慴
伏 索隱曰說文云慴失氣也音之涉反 莫敢起梁乃召故所知豪吏諭
以所爲起大事遂舉吳中兵使人收下縣得精
兵八千人梁部署吳中豪傑爲校尉候司馬有

一人不得用自言於梁梁曰前時某喪使公主
某事不能辦以此不任用公衆乃皆伏於是梁
爲會稽守籍爲裨將徇下縣李奇曰徇略也如淳曰徇音撫徇之徇徇其人
民廣陵人召平於是爲陳王徇廣陵正義曰揚州未能
下正義曰下胡嫁反以兵威服之曰下聞陳王敗走秦兵又且至乃渡
江矯陳王命正義曰矯紀兆反召平從廣陵渡京口江至吳詐陳王命拜梁拜梁爲楚
王上柱國徐廣曰二世之二年正月也駰案應劭曰上柱國上卿官若今相國也曰江東
已定急引兵西擊秦項梁乃以八千人渡江而
西聞陳嬰已下東陽晉灼曰東陽縣本屬臨淮郡漢明帝分屬下邳後復分屬廣陵
○索隱曰下音如字按以兵威服之曰下胡嫁反彼自歸伏曰下如字讀他皆倣此東陽縣名屬廣陵○正義曰括地志

東陽故城在楚州盱眙縣東七十里秦東陽縣城也在淮水南使使與連和俱西陳嬰
者故東陽令史晉灼曰漢儀註曰令吏曰令史丞吏曰丞史○正義曰楚漢春秋云東陽獄史
陳嬰居縣中素信謹稱爲長者東陽少年殺其
令相聚數千人欲置長無適用乃請陳嬰嬰謝
不能遂彊立嬰爲長縣中從者得二萬人少年
欲立嬰便爲王異軍蒼頭特起應劭曰蒼頭特起言與衆異也蒼頭
謂士卒皁巾若赤眉青領以相別也如淳曰魏君兵卒之號也戰國策魏有蒼頭二十萬○索隱曰晉灼曰殊異其軍爲
蒼頭謂著青帽如淳云特起猶言新起也按爲蒼頭軍特起欲立陳嬰爲王嬰母不許嬰稱王言天下方亂未知瞻烏所
止陳嬰母謂嬰曰自我爲汝家婦未嘗聞汝先
古之有貴者今暴得大名不祥不如有所屬事

成猶得封侯事敗易以亡非世所指名也張晏曰陳嬰母
潘旌人墓在潘旌。索隱曰潘旌是邑聚之名後爲縣屬臨淮嬰乃不敢爲王謂其軍
吏曰項氏世世將家有名於楚今欲舉大事將
非其人不可我倚名族亡秦必矣於是衆從其
言以兵屬項梁項梁渡淮黥布蒲將軍服虔曰英布起
於蒲地因以爲號如淳曰言當陽君蒲將軍皆屬項羽此自更有蒲將軍。索隱曰按布姓英咎繇之後後以罪被黥故
改姓黥以應相者之言韋昭云蒲姓也是英布與蒲將軍二人共以兵屬項梁也故服虔以爲英布起蒲非也按黥布初
起於江湖之間亦以兵屬焉凡六七萬人軍下邳正義曰被悲反下邳
泗水縣也應劭云邳在薛徙此故曰下邳按有上邳故曰下邳當是時秦嘉陳涉世家曰秦嘉廣
陵人已立景駒爲楚王文穎曰景駒楚族景氏駒名軍彭城東正義

曰括地志云徐州彭城縣古相國也言秦嘉軍於此城之東欲距項梁項梁謂軍吏
曰陳王先首事戰不利未聞所在今秦嘉倍陳
王而立景駒逆無道乃進兵擊秦嘉秦嘉軍敗
走追之至胡陵鄧展曰今胡陸屬山陽漢章帝改曰胡陵嘉還戰一日嘉
死軍降景駒走死梁地項梁已并秦嘉軍軍胡
陵將引軍而西章邯軍至栗徐廣曰縣名在沛項梁使別
將朱雞石餘樊君與戰餘樊君死朱雞石軍敗
亡走胡陵項梁乃引兵入薛正義曰括地志云故薛城古薛侯國也在徐州
滕縣界黃帝之所封左傳曰定公元年薛宰云薛之祖奚仲居薛爲夏車正後爲孟嘗君田文封邑也誅雞
石項梁前使項羽別攻襄城正義曰許州襄城縣襄城堅

守不下已拔皆阬之還報項梁項梁聞陳王定死召諸別將會薛計事此時沛公亦起沛往焉居鄛人范增索隱曰鄛音勦絶之勦地理志居鄛縣在廬江郡音巢是故巢國夏桀所奔荀悅漢紀云范增阜陵人年七十素居家好奇計往說項梁曰陳勝敗固當正義曰顧著作云固宜當應敗也當音如字夫秦滅六國楚最無罪自懷王入秦不反楚人憐之至今故楚南公曰徐廣曰楚人也善言陰陽駰案文穎曰南方老人也。正義曰虞喜志林云南公者道士識廢興之數知亡秦者必於楚漢書藝文志云南公十三篇六國時人在陰陽家流楚雖三戸亡秦必楚也瓚曰楚人怨秦雖三戸猶足以亡秦也。索隱曰臣瓚與蘇林解同韋昭以爲三戸楚三大姓昭屈景也二說皆非按左氏以畀楚師于三戸杜預註云今丹水縣北三戸亭則是地名不疑。正義曰按服虔云三戸漳水津也孟康云津狹名也在鄴西三十里括地志云濁漳水又東經葛公亭北經三戸峽爲三戸津在相州滏陽縣界然則南公辨陰陽識廢興之數知秦亡必於三戸故出言後項羽果度三戸津破章邯軍降章邯秦遂亡是南公之善識今陳勝首事不立楚後而自立其勢不長今君起江東楚蠭起之將如淳曰蠭起猶言蠭午也衆蠭飛起交橫若午言其多也。索隱曰凡物交橫爲午言蜂之起交橫屯聚也故劉向傳註云蜂午雜沓也鄭玄云一縱一橫爲午皆爭附君者以君世世楚將爲能復立楚之後也正義曰爲于僞反於是項梁然其言乃求楚懷王孫心民間爲人牧羊立以爲楚懷王徐廣曰此時二世之二年六月從民所望也應劭曰以祖謚爲號者順民望陳嬰爲楚上柱國封五縣與懷王都盱台鄭玄曰音眗怡。正義曰盱況于反眙以之反盱眙今楚州臨淮水懷王都之項梁自號爲武信君居數月引兵攻亢父（正義曰亢音剛又若浪反父音甫括地志云亢父故城在兗州任城縣南五十一里）與齊田榮司馬龍且（正義曰子余反）軍救東阿（正義曰括地志云東阿故城在濟州東阿縣西南二十五里漢東阿縣城秦時齊之阿也）大破秦軍於東阿田榮即引兵歸逐其王假假亡走楚假相田角亡走趙角弟田閒故齊將居趙不敢歸田榮立田儋子市為齊王項梁已破東阿下軍遂追秦軍數使使趣（正義曰下使色吏反趣音促）齊兵欲與俱西田榮曰楚殺田假趙殺田角田閒乃發兵項梁曰田假為與國之王（如淳曰相與交善為與國黨與也○索隱曰高誘註戰國策云與國同福之國也）窮來從我不忍殺之趙亦不殺田角田閒以市於齊（張晏曰若市買相貿易以利也梁救榮難猶不用命梁念殺假等榮未必多出兵不如依春秋寄公待以禮也又可以貿易他利以除己害遂背德可輔假以伐齊故曰市貿易也晉灼曰假故齊王建之弟欲令楚殺之以為己利而楚保全不殺以買其計故曰市也○索隱曰韋昭云市利於齊也劉氏亦云市猶要也留田假而不殺欲以要脅田榮也）齊遂不肯發兵助楚項梁使沛公及項羽別攻城陽（正義曰括地志云濮州雷澤縣本漢郕陽在州東九十一里地理志云城陽屬濟陰郡古郕伯國姬姓之國史記周武王封季弟載于郕其後遷於城之陽故曰城陽）屠之西破秦軍濮陽東（正義曰括地志云濮陽縣在濮州西八十六里濮縣也古昊之國按攻城陽屠之西破秦軍濮陽縣東即此縣東）秦兵收入濮陽沛公項羽乃攻定陶（正義曰定陶曹州城也從濮陽南攻定陶）定陶未下去西略地至雝丘（正義曰雍丘今汴州縣也地理志云古杞國武封禹後於杞號東樓公二十一世簡公為楚所滅即此城也）大破秦軍斬

李由應劭曰由李斯子也還攻外黃正義曰括地志云故周城即外黃之地在雍丘縣東張晏曰魏郡有內黃縣故加外也臣瓚曰縣有黃溝故名外黃未下項梁起東阿西北至定陶再破秦軍項羽等又斬李由益輕秦有驕色宋義乃諫項梁曰戰勝而將驕卒惰者敗今卒少惰矣秦兵日益臣為君畏之項梁弗聽乃使宋義使於齊道遇齊使者高陵君顯張晏曰顯名也高陵縣名○索隱曰晉灼云高陵屬琅邪曰公將見武信君乎曰然曰臣論武信君軍必敗公徐行即免死疾行則及禍秦果悉起兵益章邯擊楚軍大破之定陶項梁死沛公項羽去外黃攻陳留陳留堅守不

能下沛公項羽相與謀曰今項梁軍破士卒恐乃與呂臣軍俱引兵而東呂臣軍彭城東項羽軍彭城西沛公軍碭應劭曰碭屬梁國蘇林曰碭音唐○正義曰括地志云宋州碭山縣本漢碭縣也在宋州東百五十里章邯已破項梁軍則以為楚地兵不足憂乃渡河擊趙大破之當此時趙歇為王陳餘為將張耳為相皆走入鉅鹿城章邯令王離涉間圍鉅鹿張晏曰涉姓間名秦將也章邯軍其南築甬道而輸之粟應劭曰恐敵抄輜重故築牆垣如街巷也陳餘為將將卒數萬人而軍鉅鹿之北此所謂河北之軍也楚兵已破於定陶懷王恐從盱台之彭城并項羽

呂臣軍自將之以呂臣爲司徒以其父呂青爲令尹（應劭曰天子曰師尹諸侯曰令尹時去六國尚近故置令尹瓚曰諸侯之卿唯楚稱令尹時立楚之後故置官司皆如楚舊）以沛公爲碭郡長（蘇林曰長如郡守也）封爲武安侯將碭郡兵初宋義所遇齊使者高陵君顯在楚軍見楚王曰宋義論武信君之軍必敗居數日軍果敗兵未戰而先見敗徵此可謂知兵矣王召宋義與計事而大說之因置以爲上將軍項羽爲魯公爲次將范增爲末將救趙諸別將皆屬宋義號爲卿（徐廣曰一作慶）子冠軍（文穎曰卿子時人相褒尊之辭猶言公子也上將故言冠軍張晏曰若霍去病功冠三軍因封爲冠軍侯至今爲縣名）行至安陽留四

十六日不進（索隱曰傅寬傳云從攻安陽扛里則安陽與扛里俱在河南顏師古以爲今相州安陽縣按此兵猶未渡河不應即至相州安陽今檢後魏書地形志云己氏有安陽城改己氏爲楚丘今宋州楚丘西北四十里有安陽故城是也○正義曰括地志云安陽縣相州所理縣七國時魏寧新中邑秦昭王拔魏寧新中更名安陽張耳傳云章邯軍鉅鹿南築甬道河餉王離項羽數絶邯甬道王離軍乏食項羽悉引兵渡河遂破章邯圍鉅鹿下又云渡河湛船持三日糧按從滑州白馬津齎三日糧不至邢州明此渡河相州漳河也宋義遣其子襄相齊送之至無鹽即今鄆州之東宿城是也若依顏監說在相州安陽宋義送子不可棄軍渡河南向齊西南入魯界飲酒高會非入齊之義雖知送子曲由宋州安陽理順然向鉅鹿甚遠不能數絶章邯甬道及持三日糧至也均之二理安陽送子至無鹽爲長濟河絶甬道持三日糧寧有遲留史家多不委曲說之也）項羽曰吾聞秦軍圍趙王鉅鹿疾引兵渡河楚擊其外趙應其內破秦軍必矣宋義曰不然夫搏牛之蝱不可以破蟣蝨

如淳曰用力多而不可以破蟣蝨猶言欲以大力伐秦而不可以救趙也○索隱曰張晏云搏音博韋昭云蝱大在外蝨小在內故顏師古言以手擊牛可以殺其上蝱而不能破其內蝨喻方欲滅秦不可與章邯即戰也鄒氏言蝱之搏牛本不擬破其上之蟣蝨以言志在大不在小也今秦攻趙戰勝則兵罷我承其敝不勝則我引兵鼓行而西必舉秦矣故不如先鬬秦趙夫被堅執銳義不如公坐而運策公不如義因下令軍中曰猛如虎很如羊正義很何懇反貪如狼彊不可使者皆斬之乃遣其子宋襄相齊身送之至無鹽索隱曰按地理志東平郡之縣在今鄆州之東飲酒高會韋昭曰皆召尊爵故云高會○索隱曰服虔云大會也天寒大雨士卒凍飢項羽曰將戮力而攻秦久留不行今歲饑民貧士卒食芋菽徐廣曰芋一作半半五升器也駰案瓚曰士卒食蔬菜以菽雜半之○索隱曰芋蹲鴟也菽豆也臣瓚義亦通漢書作半菽王劭曰言半量器名容半升也軍無見糧正義曰胡練反顏監云無見在之糧乃飲酒高會不引兵渡河因趙食與趙并力攻秦乃曰承其敝夫以秦之彊攻新造之趙其勢必舉趙趙舉而秦彊何敝之承且國兵新破王坐不安席埽境內而專屬於將軍國家安危在此一舉今不恤士卒而徇其私索隱曰謂使其子相齊是徇其私情崔浩云徇營也非社稷之臣項羽晨朝上將軍宋義即其帳中斬宋義頭出令軍中曰宋義與齊謀反楚楚王陰令羽誅之當是時諸將皆慴服莫敢枝

梧如淳曰梧音悟枝梧猶枝捍也瓚曰小柱爲枝邪柱爲梧今屋梧邪柱是也○正義曰枝音之移反梧音悟皆
曰首立楚者將軍家也今將軍誅亂乃相與共
立羽爲假上將軍正義曰未得懷王命也假攝也使人追宋義子
及之齊殺之使桓楚報命於懷王懷王因使項
羽爲上將軍徐廣曰二世三年十一月當陽君蒲將軍皆屬項
羽項羽已殺卿子冠軍威震楚國名聞諸侯乃
遣當陽君蒲將軍將卒二萬渡河正義曰漳水救鉅
鹿戰少利陳餘復請兵項羽乃悉引兵渡河皆
沈船破釜甑燒廬舍持三日糧以示士卒必死
無一還心於是至則圍王離與秦軍遇九戰絕

其甬道大破之殺蘇角文穎曰秦將也虜王離涉閒不
降楚自燒殺當是時楚兵冠諸侯諸侯軍救鉅
鹿下者十餘壁莫敢縱兵及楚擊秦諸將皆從
壁上觀楚戰士無不一以當十楚兵呼聲動天
諸侯軍無不人人惴恐漢書音義曰惴音章瑞反於是已破秦
軍項羽召見諸侯將入轅門張晏曰軍行以車爲陳轅相向爲門故曰轅門
無不膝行而前莫敢仰視項羽由是始爲諸侯
上將軍諸侯皆屬焉章邯軍棘原張晏曰在漳南晉灼曰地名在
鉅鹿南項羽軍漳南正義曰括地志云濁漳水一名漳水今俗名柳河在邢州平鄉縣南注水
經云漳水一名大漳水兼有漫水之目也相持未戰秦軍數却二世使人

讓章邯章邯恐使長史欣請事至咸陽留司馬門（凡言司馬門者宮垣之內兵衛所在四面皆有司馬主武事總言之外門為司馬門也○索隱曰按天子門有兵闌曰司馬門也）三日趙高不見有不信之心長史欣恐還走其軍不敢出（正義曰走音奏）故道趙高果使人追之不及欣至軍報曰趙高用事於中下無可為者今戰能勝高必疾妒吾功戰不能勝不免於死願將軍孰計之陳餘亦遺章邯書曰白起為秦將南征鄢郢北阬馬服（索隱曰韋昭云趙奢子括也代號馬服崔浩云馬服趙官名言服武事）攻城略地不可勝計而竟賜死蒙恬為秦將北逐戎人開榆中地數千里（索隱曰服虔云金城縣所治蘇林曰在上郡崔浩云蒙恬樹榆為塞也）竟斬陽周（孟康曰縣屬上郡○正義曰括地志云寧州羅川縣在州東南七十里漢陽周縣）何者功多秦不能盡封因以法誅之今將軍為秦將三歲矣所亡失以十萬數而諸侯並起滋益多彼趙高素諛日久今事急亦恐二世誅之故欲以法誅將軍以塞責使人更代將軍以脫其禍夫將軍居外久多內郤有功亦誅無功亦誅且天之亡秦無愚智皆知之今將軍內不能直諫外為亡國將孤特獨立而欲常存豈不哀哉將軍何不還兵與諸侯為從（索隱曰此諸侯謂關東諸侯也何以知然文穎曰關東為從關西為橫高誘曰關東地形從長蘇秦相六國號為合從關西地形橫長張儀相秦壞

關東從使與秦合號曰連横約共攻秦分王其地南面稱孤此
孰與身伏鈇質索隱曰公羊傳云加之鈇質何休云要斬之罪崔浩云質斬人椹也又郭注三
蒼云質並椹也妻子爲僇乎章邯狐疑陰使候始成張晏曰候
軍候○索隱曰候軍候官名始成其名使項羽欲約約未成項羽使蒲
將軍日夜引兵度三戶服虔曰漳水津也張晏曰三戶地名在梁淇西南孟康曰
津陜名也在鄴西三十里○索隱曰水經注云漳水東經三戶峽爲三戶津也淇當爲湛案晉八王故事云王浚伐鄴前
至梁湛孟康云在鄴西四十里又闞駰十三州志云鄴北五十里梁期故縣也字又不同軍漳南與秦
戰再破之項羽悉引兵擊秦軍汙水上徐廣曰在鄴西
○索隱曰汙音于郡國志鄴縣有汙城酈元云汙水出武安山東南經汙城北入漳○正義曰括地志云汙水源出懷州
河內縣北大行山又云故邢城在河內縣西北二十七里古邢國地也左傳云邢晉應韓武之穆也大破之

章邯使人見項羽欲約項羽召軍吏謀曰糧少
欲聽其約軍吏皆曰善項羽乃與期洹水南殷
虚上徐廣曰二世三年七月也駰案應劭曰洹水在湯陰界殷墟故殷都也瓚曰洹水在今安陽縣北去朝歌
殷都一百五十里然則此殷墟非朝歌也汲冢古文曰盤庚遷于此汲冢曰殷虚南去鄴三十里是舊殷乎然則朝歌非
盤庚所遷者○索隱曰按釋例云洹水出汲郡林慮縣東北至長樂入清水是也汲冢古文云盤庚自奄遷于北冢曰殷
虚南去鄴州三十里是殷虚南舊地名號北冢也已盟章邯見項羽而流涕
爲言趙高項羽乃立章邯爲雍王置楚軍中使
長史欣爲上將軍將秦軍爲前行正義曰胡郎反到新
安正義曰括地志云新安故城在洛州澠池縣東一十三里漢新安縣城也即坑秦卒處諸侯吏卒
異時故繇使屯戍過秦中秦中吏卒遇之多無

狀及秦軍降諸侯諸侯吏卒乘勝多奴虜使之
輕折辱秦吏卒秦吏卒多竊言曰章將軍等詐
吾屬降諸侯今能入關破秦大善即不能諸侯
虜吾屬而東秦必盡誅吾父母妻子諸將微聞
其計以告項羽項羽乃召黥布蒲將軍計曰秦
吏卒尚衆其心不服至關中不聽事必危不如
擊殺之而獨與章邯長史欣都尉翳入秦於是
楚軍夜擊阬秦卒二十餘萬人新安城南徐廣曰漢
元年十一月行略定秦地函谷關文穎曰時關在弘農縣衡山領今移在河南穀
城縣。索隱曰顏師古云今桃林縣南有洪溜澗水即古之函關按山形如函故稱函關。正義曰括地志云函谷關在
陝州桃林縣西南十二里秦函谷關也圖記云西去長安四百餘里路在谷中故以爲名有兵守關不
得入又聞沛公已破咸陽項羽大怒使當陽君
等擊關項羽遂入至于戲西沛公軍霸上未得
與項羽相見沛公左司馬曹無傷使人言於項
羽曰沛公欲王關中使子嬰爲相珍寶盡有之
項羽大怒曰旦日饗士卒爲擊破沛公軍當是
時項羽兵四十萬在新豐鴻門孟康曰在新豐東十七里舊大道北
下阪口名也沛公兵十萬在霸上范增說項羽曰沛公
居山東時貪於財貨好美姬今入關財物無所
取婦女無所幸此其志不在小吾令人望其氣

皆爲龍虎成五采此天子氣也急擊勿失楚左尹項伯者項羽季父也索隱曰名纏字伯後封射陽侯素善留侯張良張良是時從沛公項伯乃夜馳之沛公軍私見張良具告以事欲呼張良與俱去曰毋從俱死也張良曰臣爲韓王送沛公正義曰爲于僞反沛公今事有急亡去不義不可不語良乃入具告沛公沛公大驚曰爲之柰何張良曰誰爲大王爲此計者曰鯫生徐廣曰鯫音士垢反魚名駰案服虔曰鯫音淺鯫小人貌也瓚曰楚漢春秋鯫姓也說我曰距關毋內諸侯秦地可盡王也故聽之良曰料大王士卒足以當項王乎沛公默然

曰固不如也且爲之柰何張良曰請往謂項伯言沛公不敢背項王也沛公曰君安與項伯有故張良曰秦時與臣游項伯殺人臣活之今事有急故幸來告良沛公曰孰與君少長良曰長於臣沛公曰君爲我呼入吾得兄事之張良出要項伯項伯即入見沛公沛公奉卮酒爲壽約爲婚姻曰吾入關秋豪不敢有所近籍吏民封府庫而待將軍所以遣將守關者備他盜之出入與非常也日夜望將軍至豈敢反乎願伯具言臣之不敢倍德也項伯許諾謂沛公曰旦日

不可不蚤自來謝項王沛公曰諾於是項伯復
夜去至軍中具以沛公言報項王因言曰沛公
不先破關中公豈敢入乎今人有大功而擊之
不義也不如因善遇之項王許諾沛公旦日從
百餘騎來見項王至鴻門謝曰臣與將軍戮力
而攻秦將軍戰河北臣戰河南然不自意能先
入關破秦得復見將軍於此今者有小人之言
令將軍與臣有郤項王曰此沛公左司馬曹無
傷言之不然籍何以生此項王即日因留沛公
與飲項王項伯東嚮坐亞父南嚮坐亞父者范
增也（如淳曰亞次也尊敬之次父猶管仲爲仲父）沛公北嚮坐張良西嚮
侍范增數目項王舉所佩玉玦以示之者三項
王默然不應范增起出召項莊（正義曰項羽從弟）謂曰君
王爲人不忍若入前爲壽壽畢請以劍舞因擊
沛公於坐殺之不者若屬皆且爲所虜莊則入
爲壽壽畢曰君王與沛公飲軍中無以爲樂請
以劍舞項王曰諾項莊拔劍起舞項伯亦拔劍
起舞常以身翼蔽沛公莊不得擊於是張良至
軍門見樊噲樊噲曰今日之事何如良曰甚急
今日項莊拔劍舞其意常在沛公也噲曰此迫

矣臣請入與之同命噲即帶劍擁盾入軍門（正義曰擁紆拱反盾食允反）交戟之衛士欲止不內樊噲側其盾以撞（正義直江反）衛士仆地噲遂入披帷西嚮立瞋目視項王（正義瞋昌真反）頭髮上指目眥盡裂（正義眥自賜反）項王按劍而跽曰（索隱曰其紀反謂長跪）客何爲者張良曰沛公之參乘樊噲者也項王曰壯士賜之卮酒則與斗卮酒噲拜謝起立而飲之項王曰賜之彘肩則與一生彘肩樊噲覆其盾於地加彘肩上拔劍切而啗之（索隱曰音徒覽反凡以食餧人則去聲自食則上聲）項王曰壯士能復飲乎樊噲曰臣死且不避卮酒安足辭夫

秦王有虎狼之心殺人如不能舉刑人如恐不勝天下皆叛之懷王與諸將約曰先破秦入咸陽者王之今沛公先破秦入咸陽豪毛不敢有所近封閉宮室還軍霸上以待大王來故遣將守關者備他盜出入與非常也勞苦而功高如此未有封侯之賞而聽細說欲誅有功之人此亡秦之續耳竊爲大王不取也項王未有以應曰坐樊噲從良坐坐須臾沛公起如廁因招樊噲出沛公已出項王使都尉（徐廣曰一本無都字）陳平召沛公沛公曰今者出未辭也爲之柰何樊噲曰大

行不顧細謹大禮不辭小讓如今人方爲刀俎我爲魚肉何辭爲於是遂去乃令張良留謝良問曰大王來何操曰我持白璧一雙欲獻項王玉斗一雙欲與亞父會其怒不敢獻公爲我獻之張良曰謹諾當是時項王軍在鴻門下沛公軍在霸上相去四十里沛公則置車騎脫身獨騎與樊噲夏侯嬰靳彊紀信等（索隱曰漢書作紀通紀通紀成之子）四人持劍盾步走從酈山下道芷陽間行沛公謂張良曰從此道至吾軍不過二十里耳度我至軍中公乃入沛公已去間至軍中張良入謝

曰沛公不勝桮杓不能辭謹使臣良奉白璧一雙再拜獻大王足下玉斗一雙再拜奉大將軍足下項王曰沛公安在良曰聞大王有意督過之脫身獨去已至軍矣（如淳曰脫身逃還其軍）項王則受璧置之坐上亞父受玉斗置之地拔劍撞而破之曰唉（徐廣曰唉烏來反○索隱曰音虛其反皆歎恨發聲之辭）豎子不足與謀奪項王天下者必沛公也吾屬今爲之虜矣沛公至軍立誅殺曹無傷居數日項羽引兵西屠咸陽殺秦降王子嬰燒秦宮室火三月不滅收其貨寶婦女而東人或說項王曰關中阻山河四

塞徐廣曰東函谷南武關西散關北蕭關地肥饒可都以霸項王見秦
宮室皆以燒殘破又心懷思欲東歸曰富貴不
歸故鄉如衣繡夜行誰知之者說者曰人言楚
人沐猴而冠耳果然張晏曰沐猴獼猴也○索隱曰言獼猴不任久著冠帶以喻楚人性躁暴果然言果如人言也項王聞之烹說者楚漢春秋楊子法言云說者是蔡生漢書云是韓生
項王使人致命懷王懷王曰如約乃尊懷王
爲義帝項王欲自王先王諸將相謂曰天下初
發難時服虔曰兵初起時○正義難乃憚反假立諸侯後以伐秦然
身被堅執銳首事暴露於野正義暴蒲北反三年滅秦
定天下者皆將相諸君與籍之力也義帝雖無

功故當分其地而王之諸將皆曰善乃分天下
立諸將爲侯王項王范增疑沛公之有天下業
已講解蘇林曰講和也○索隱曰服虔云解折伏也說文云講和解也漢書作媾解蘇林云媾和也是媾之與講俱訓和也業事也言雖有疑心然事已和解也又惡負約恐諸侯叛之乃
陰謀曰巴蜀道險秦之遷人皆居蜀乃曰巴蜀
亦關中地也故立沛公爲漢王徐廣曰以正月立王巴蜀
漢中都南鄭正義曰括地志云南梁州所理縣也而三分關中王秦
降將以距塞漢王項王乃立章邯爲雍王王咸
陽以西都廢丘索隱曰孟康曰縣名今槐里是也韋昭曰周時名太丘懿王所都秦欲廢之故曰廢丘○正義曰括地志云太丘故城一名廢丘古城在雍州始平縣東南十里地理志云漢高二年引水灌廢丘章邯

自殺更廢丘曰槐里長史欣者故爲櫟陽獄掾嘗有德於項梁都尉董翳者本勸章邯降楚故立司馬欣爲塞王韋昭曰在長安東名桃林塞王咸陽以東至河都櫟陽蘇林曰櫟音藥○正義曰括地志云櫟陽故城一名萬年城在雍州櫟陽東北二十五里秦獻公之城櫟陽即此也立董翳爲翟王王上郡都高奴文穎曰上郡秦所置項羽以董翳爲翟王更名爲翟○索隱曰按今鄜州有高奴城○正義曰括地志云延州州城即漢高奴縣徙魏王豹爲西魏王王河東都平陽瑕丘徐廣曰一云瑕丘公也申陽者服虔曰瑕丘縣屬山陽申姓陽名文穎曰姓瑕丘字申陽瓚曰瑕丘公申陽是瑕丘縣名張耳嬖臣也先下河南郡迎楚河上故立申陽爲河南王都雒陽正義曰括地志云洛陽故城在洛州洛陽縣東北二十六里周公所築即成周城也輿地志云成周之地秦莊襄王以爲洛陽縣三川守理之後漢都洛陽改爲雒漢以火德忌水故去洛旁水而加佳佳於行次爲土土水之忌也水得土而流土得水而柔故除佳以加水韓王成因故都都陽翟正義曰括地志云陽翟洛州縣也左傳云鄭伯突入于櫟杜預云櫟鄭別都今河南陽翟縣是也地理志云陽翟縣是屬潁川郡夏禹之國趙將司馬卬定河內數有功故立卬爲殷王王河內都朝歌徙趙王歇爲代王趙相張耳素賢又從入關故立耳爲常山王王趙地都襄國正義曰括地志云邢州城本漢襄國縣秦置三十六郡於此置信都縣屬鉅鹿郡項羽改曰襄國立張耳爲常山王理信都地理志云故邢侯國也帝王世紀云邢侯爲紂三公以忠諫被誅史記云周武王封周公旦之子爲邢侯左傳云凡蔣邢茅周公之胤也當陽君黥布爲楚將常冠軍故立布爲九江王都六正義曰括地志云故六城在壽州安豐縣南百三十二里本六國偃姓皋繇之

後所封也黥布亦皋繇之後居六國鄱君吳芮韋昭曰鄱音蒲河反初吳芮為鄱令故號曰鄱君今鄱陽縣是也○正義鄱作番音婆率百越佐諸侯又從入關故立芮為衡山王都邾文穎曰邾音朱縣名屬江夏○正義曰說文云音誅括地志云故邾城在黃州黃岡縣東南二十里本春秋時邾國邾子曹姓挾居至魯隱公徙蘄音機義帝柱國共敖正義共音恭將兵擊南郡功多因立敖為臨江王漢書音義曰本南郡改為臨江國都江陵正義曰江陵荊州縣史記江陵故郢都也徙燕王韓廣為遼東王徐廣曰都無終燕將臧荼從楚救趙因從入關故立荼為燕王都薊從齊王田市為膠東王徐廣曰都即墨○正義曰括地云即墨故城在萊州膠水縣南六十里古齊地本漢舊縣膠音交在膠水之東齊將田都從共救趙因從入關故立都為齊王都臨菑索隱曰按高紀及田儋傳云臨濟此言臨菑誤○正義曰菑側其反括地志云青州臨菑縣地即古臨菑地也一名齊城古營丘之地所封齊之都也少昊時有爽鳩氏虞夏時有季崱殷時有逢伯陵殷末有薄姑氏為諸侯國此地後太公封方五百里故秦所滅齊王建孫田安項羽方渡河救趙田安下濟北數城引其兵降項羽故立安為濟北王都博陽正義曰在濟北田榮者數負項梁又不肯將兵從楚擊秦以故不封成安君正義曰地理志云成安縣在潁川郡屬豫州陳餘棄將印去不從入關然素聞其賢有功於趙聞其在南皮正義曰括地志云故南皮城在滄州南皮縣北四里本漢皮縣城即陳餘所封也故因環封三縣漢書音義曰繞南皮三縣以封之番君將梅鋗韋昭曰呼玄反功多故封十萬戶侯項王自立為

西楚霸王正義曰貨殖傳云淮南北沛郡汝南郡爲西楚也彭城以東東海吳廣陵爲東楚也衡山九江江南豫章長沙爲南楚孟康云舊名江陵爲南楚吳爲東楚彭城爲西楚王九郡都彭城孟康曰舊名江陵爲南楚吳爲東楚彭城爲西楚○正義曰彭城徐州縣漢之元年四月諸侯罷戲下各就國索隱曰戲音羲水名也言下者如許下洛下然也按上文云項羽入至戲西鴻門沛公還軍霸上是羽初停軍於戲水下今言諸侯罷戲下是各受封邑號令訖自戲下各就國何須假借文字以爲旌麾之下乎顏師古劉伯莊之說皆非項王出之國使人徙義帝曰古之帝者地方千里必居上游文穎曰居水之上流也游或作流乃使使徙義帝長沙郴縣如淳曰郴音綝趣義帝行其羣臣稍稍背叛之乃陰令衡山臨江王擊殺之江中文穎曰郴縣有義帝冢歲時常祠不絕韓王成無軍功項王不使之國與俱至彭城廢以爲侯已又殺之臧荼之國因逐韓廣之遼東廣弗聽荼擊殺廣無終并王其地田榮聞項羽徙齊王市膠東而立齊將田都爲齊王乃大怒不肯遣齊王之膠東因以齊反迎擊田都田都走楚齊王市畏項王乃亡之膠東就國田榮怒追擊殺之即墨榮因自立爲齊王而西擊殺濟北王田安并王三齊漢書音義曰齊與濟北膠東○正義曰三齊記云右即墨中臨淄左平陸謂之三齊榮與彭越將軍印令反梁地陳餘陰使張同夏說說齊王田榮曰項羽爲天下宰不平今盡王故王於醜地而王其羣

臣諸將善地逐其故主趙王乃北居代餘以爲不可聞大王起兵且不聽不義願大王資餘兵請以擊常山以復趙王請以國爲扞蔽齊王許之因遣兵之趙陳餘悉發三縣兵與齊并力擊常山大破之張耳走歸漢陳餘迎故趙王歇於代反之趙趙王因立陳餘爲代王是時漢還定三秦項羽聞漢王皆已并關中且東齊趙叛之大怒乃以故吳令鄭昌爲韓王以距漢令蕭公角等（蘇林曰官號也或曰蕭令也時令皆稱公）擊彭越彭越敗蕭公角等漢使張良徇韓乃遺項王書曰漢王失職欲

得關中如約即止不敢東又以齊梁反書遺項羽曰齊欲與趙并滅楚楚以此故無西意而北擊齊徵兵九江王布布稱疾不往使將將數千人行項王由此怨布也漢之二年冬項羽遂北至城陽田榮亦將兵會戰田榮不勝走至平原平原民殺之遂北燒夷齊城郭室屋皆阬田榮降卒係虜其老弱婦女徇齊至北海多所殘滅齊人相聚而叛之於是田榮弟田橫收齊亡卒得數萬人反城陽項王因留連戰未能下春漢王部（徐廣曰一作刼○索隱曰按漢書作刼字）五諸侯兵（徐廣曰塞翟魏殷河南○駰案應劭曰）

雍翟塞殷韓也韋昭曰塞翟殷韓魏雍時已敗也。索隱曰按徐廣韋昭皆數翟塞及殷韓等顔師古不數三秦謂常山河南韓魏殷顔劉意略同乃以陳餘兵爲五未知孰是鄙意按韓王鄭昌拒漢漢使韓信擊破之則是韓兵不下而已破散也韓不在此數五諸侯者塞翟河南魏殷也。正義按師古曰諸家之説皆非張良遺羽書曰漢欲得關中如約即止不敢復東謂出關之東也今羽聞漢東之時漢固已得三秦矣五諸侯者謂常山河南韓魏殷也此年十月常山王張耳降河南王申陽降韓王鄭昌降魏王豹降虜殷王卬皆漢東之後故知謂此爲五諸侯時雖未得常山之地功臣年表云張耳棄國與大臣歸漢則當亦有士卒爾時雍王猶在廢丘被圍即非五諸侯之數也尋此紀文昭然可曉前賢注釋並失指趣高紀及漢書皆言刼五諸侯兵凡兵初降士卒未有自指麾故須刼略而行又云發關中兵收三河士發謂差點發也收謂刼略收斂也韋昭云河南河東河内申陽都雒陽韓王成都陽翟皆河南也魏豹都平陽河東也司馬卬都朝歌張耳都襄國河内也此三河士則五諸侯兵也更著雍塞翟則成八諸侯矣重明顔公之説是故韓信傳云漢二年出關收魏河南韓殷王皆降是凡五十六萬人東伐楚項王聞之

即令諸將擊齊而自以精兵三萬人南從魯出胡陵正義按括地志云徐州魯兖州曲阜縣也地理志云胡陵在山陽縣屬也四月漢皆已入彭城收其貨寶美人日置酒高會項王乃西從蕭正義曰括地志云徐州蕭縣古蕭叔之國春秋時爲宋附庸帝王世紀云周封子姓之别爲附庸也晨擊漢軍而東至彭城日中大破漢軍張晏曰一日之中也或曰旦擊之至日中大破漢軍皆走相隨入穀泗水瓚曰二水皆在沛郡彭城殺漢卒十餘萬人漢卒皆南走山正義走音奏楚又追擊至靈璧東徐廣曰在彭城。索隱曰孟康曰故小縣在彭城南。正義曰括地志云靈璧故城在徐州符離縣西北九十里睢水上徐廣曰睢水於彭城入泗水。正義曰睢音雖括地志云睢水首受浚儀縣莨蕩水東經取慮入泗過郡西行千二百六十里漢軍却爲楚所擠服虔曰擠

瓚曰排擠也音齊民之濟多殺漢卒十餘萬人皆入睢水睢水
爲之不流正義爲于僞反圍漢王三匝於是大風從西北
而起折木發屋揚沙石窈冥晝晦徐廣曰窈亦作窅字逢
迎楚軍楚軍大亂壞散而漢王乃得與數十騎
遁去欲過沛收家室而西楚亦使人追之沛取
漢王家家皆亡不與漢王相見漢王道逢得孝
惠魯元服虔曰元長也食邑於魯韋昭曰元謚也乃載行楚騎追漢王漢
王急推墮孝惠魯元車下滕公常下收載之如
是者三曰雖急不可以驅柰何棄之於是遂得
脫求太公呂后不相遇審食其瓚曰其音基○索隱曰食音異按鄺審趙

三人同名其音合並同以六國時衛有司馬食其並慕其名從太公呂后間行如淳曰間
出間步微行皆同義也求漢王反遇楚軍楚軍遂與歸報項
王項王常置軍中是時呂后兄周呂侯徐廣曰名澤○正義
曰蘇林云以姓名侯也晉灼云外戚表周呂令武侯澤也呂縣名封於呂以爲國顏師古云周呂封名令武其謚也蘇云
以姓名侯非也爲漢將兵居下邑徐廣曰在梁○正義曰括地志云宋州碭山縣本下邑縣
也在宋州東一百五十里按今下邑在宋州東一百一十里漢王間往從之稍稍收
其士卒至滎陽諸敗軍皆會蕭何亦發關中老
弱未傅悉詣滎陽服虔曰傅音附孟康曰古者二十而傅三年耕有一年儲故二十三
年而後役之如淳曰律年二十三傅之疇官各從其父疇內學之高不滿六尺二寸以下爲罷癃漢儀註民年二十三爲
正一歲爲衛士一歲爲材官騎士習射御騎馳戰陣又曰年五十六衰老乃得免爲庶民就田里今老弱未嘗傅者皆發

之未二十三爲弱過五十六爲老食貨志曰月爲更卒已復
爲正一歲屯戍一歲力役三十倍於古者。索隱曰按姚氏
云古者更卒不過一月踐更五月而休又顔云五當爲三言
一歲之中三月居更三日戍邊揔九十三日古者役人歲不
過三日此所謂一歲力役三十倍於古也斯說得之復大振楚起於彭城常乗
勝逐北與漢戰滎陽南京索閒漢敗楚應劭曰京縣名
屬河南有索亭晉灼曰索音柵。正義曰括地志云京縣城
在鄭州滎陽縣東南二十里鄭之京邑也晉太康地志云鄭
太叔段所居邑滎陽縣即大索城杜預云成皐東有大索城
又有小索故城在滎陽縣北四里京相璠地名云京縣有大
索亭小索亭大小氏兄弟居之故有小大之
號按楚與漢戰滎陽南京索閒即此三城耳楚以故不能
過滎陽而西項王之救彭城追漢王至滎陽田
横亦得收齊立田榮子廣爲齊王漢王之敗彭
城諸侯皆復與楚而背漢漢軍滎陽築甬道屬

之河以取敖倉粟瓚曰敖地名在滎陽西北山臨河有
大倉。正義曰括地志云敖倉在鄭
州滎陽縣西十五里縣門之東北臨汴水
南帶三皇山秦時置倉於敖山名敖倉云漢之三年項
王數侵奪漢甬道漢王食乏恐請和割滎陽以
西爲漢項王欲聽之歷陽正義曰括地志云和州歷
陽縣本漢舊縣也淮南子
云歷陽之都一夕而爲湖
漢帝時歷陽淪爲歷湖侯范增曰漢易與耳今釋
弗取後必悔之項王乃與范增急圍滎陽漢王
患之乃用陳平計閒項王項王使者來爲太牢
具舉欲進之見使者詳驚愕曰吾以爲亞父使
者乃反項王使者更持去以惡食食正義曰上如
字下音寺
項王使者使者歸報項王項王乃疑范增與漢

有私稍奪之權范增大怒曰天下事大定矣君王自爲之願賜骸骨歸卒伍項王許之行未至彭城疽發背而死（皇覽曰亞父冢在廬江居巢縣郭東居巢廷中有亞父井吏民皆祭亞父於居巢廷上長吏初視事皆祭然後從政後更造祠於郭東至今祠之○正義曰疽七餘反崔浩云疽附骨癰也括地志云髑髏山在廬州巢縣東北五里昔范增居北山之陽後佐項羽）漢將紀信說漢王曰事已急矣請爲王誑楚爲王王可以閒出於是漢王夜出女子滎陽東門被甲二千人楚兵四面擊之紀信乘黃屋（正義曰李斐云天子車以黃繒爲蓋裏）車傅左纛（李斐曰纛毛羽幢也在乘輿車衡左方上注之蔡邕曰以犛牛尾爲之如斗或在騑頭或在衡上也）曰城中食盡漢王降楚軍皆呼萬歲漢王亦與數十

騎從城西門出走成皐（正義曰括地志云成皐故縣在洛州氾水縣西南二里）項王見紀信問漢王安在信曰漢王已出矣項王燒殺紀信漢王使御史大夫周苛樅公（樅音七從反）魏豹守滎陽周苛樅公謀曰反國之王難與守城乃共殺魏豹楚下滎陽城生得周苛項王謂周苛曰爲我將我以公爲上將軍封三萬戶周苛罵曰若不趣降漢漢今虜若若非漢敵也項王怒亨周苛并殺樅公漢王之出滎陽南走宛葉得九江王布行收兵復入保成皐漢之四年項王進兵圍成皐漢王逃（晉灼曰獨出意○索隱曰音徒彫反漢書作跳字）

獨與滕公出成皋北門（徐廣曰北門名玉門）渡河走脩武從張耳韓信軍諸將稍稍得出成皋從漢王楚遂拔成皋欲西漢使兵距之鞏令其不得西是時彭越渡河擊楚東阿殺楚將軍薛公項王乃自東擊彭越漢王得淮陰侯兵欲渡河南鄭忠說漢王乃止壁河內使劉賈將兵佐彭越燒楚積聚（正義積音漬賜反）項王東擊破之走彭越漢王則引兵渡河復取成皋軍廣武就敖倉食項王已定東海來西與漢俱臨廣武而軍（孟康曰於滎陽築兩城相對爲廣武在敖倉西三皇山上。正義曰括地志云東廣武西廣武在鄭州滎陽縣西二十里戴延之西征記云三皇山上有二城東曰東廣武西曰西廣武各在一山頭相去百步汴水從廣澗中東南流今涸無水城各有三面在敖倉西郭緣生述征記云一澗橫絕上過名曰廣武相對皆立城塹遂號東西廣武）相守數月當此時彭越數反梁地絕楚糧食項王患之爲高俎置太公其上（如淳曰高俎几之上李奇曰軍中巢櫓方面人謂之俎也。索隱曰俎亦机之類故夏侯湛新論爲机机猶俎也比太公於牲肉故置之俎上姚察按左氏楚子登巢車以望晉軍杜預謂車上櫓也故李氏云軍中巢櫓又引時人亦謂此爲俎也。正義曰括地志云東廣武城有高壇即是項羽坐太公俎上者今名項羽堆亦呼爲太公亭顔師古云俎者所以薦肉示欲烹之故置俎上）告漢王曰今不急下吾烹太公漢王曰吾與項羽俱北面受命懷王曰約爲兄弟吾翁即若翁必欲烹而翁則幸分我一桮羹項王怒欲殺之項伯曰天下事未可知且爲天

下者不顧家雖殺之無益秖益禍耳項王從之
楚漢久相持未決丁壯苦軍旅老弱罷轉漕項
王謂漢王曰天下匈匈數歲者徒以吾兩人耳
願與漢王挑戰（李奇曰挑身獨戰不復須衆也挑音荼了反瓚曰挑戰擿嬈敵求戰古謂之致師）決雌雄毋徒苦天下之民父子爲也漢王笑
謝曰吾寧鬭智不能鬭力項王令壯士出挑戰
漢有善騎射者樓煩（應劭曰樓煩胡也今樓煩縣）楚挑戰三合
樓煩輒射殺之項王大怒乃自被甲持戟挑戰
樓煩欲射之項王瞋目叱之樓煩目不敢視手
不敢發遂走還入壁不敢復出漢王使人閒問

之乃項王也漢王大驚於是項王乃即漢王相
與臨廣武閒而語漢王數之項王怒欲一戰漢
王不聽項王伏弩射中漢王漢王傷走入成皋
項王聞淮陰侯已舉河北破齊趙且欲擊楚乃
使龍且（韋昭曰音子閭反）往擊之淮陰侯與戰騎將灌嬰
擊之大破楚軍殺龍且韓信因自立爲齊王項
王聞龍且軍破則恐使盱台人武涉往說淮陰
侯淮陰侯弗聽是時彭越復反下梁地絕楚糧
項王乃謂海春侯大司馬曹咎等曰謹守成皋
則漢欲挑戰愼勿與戰毋令得東而已我十五

日必誅彭越定梁地復從將軍乃東行擊陳留正義曰括地志云陳留汴州縣也在州東五十里本漢陳留郡及陳留縣之地孟康云留鄭邑也後爲陳所并故曰陳留臣瓚又按宋有留彭城留是也此留屬陳故曰陳留外黃外黃不下數日已降項王怒悉令男子年十五已上詣城東欲阬之外黃令舍人兒年十三蘇林曰令之舍人兒也瓚曰稱兒者以其幼弱故係其父春秋傳曰仍叔之子是也往說項王曰彭越彊劫正義彊其兩反外黃外黃恐故且降待大王大王至又皆阬之百姓豈有歸心從此以東梁地十餘城皆恐莫肯下矣項王然其言乃赦外黃當阬者東至睢陽正義曰括地志云宋州外城本漢睢陽縣地地理志云睢陽縣故宋國也聞之皆爭下項王漢

果數挑楚軍戰楚軍不出使人辱之五六日大司馬怒渡兵汜水張晏曰汜水在濟陰界如淳曰汜音祀左傳曰鄙在鄭地汜瓚曰高祖攻曹咎成皐渡汜水而戰今成皐城東汜水是也○索隱曰按今此水見名汜水音似張晏云在濟陰亦未全失按古濟水當此截河而南又東流溢爲滎澤然水南曰陰此亦在濟之陰非彼濟陰郡耳臣瓚之說是○正義曰括地志云汜水源出洛州汜水縣東南三十二里方山山海經云浮戲之山汜水出焉士卒半渡漢擊之大破楚軍盡得楚國貨賂大司馬咎長史翳塞王欣皆自剄汜水上鄭玄曰剄音經鼎反以刀割頸爲剄大司馬咎者故蘄獄掾長史欣亦故櫟陽獄吏兩人嘗有德於項梁是以項王信任之當是時項王在睢陽聞海春侯軍敗則引兵還漢軍方圍鍾離眜漢書音義

曰昧音末於滎陽東項王至漢軍畏楚盡走險阻是時漢兵盛食多項王兵罷食絕漢遣陸賈說項王請太公項王弗聽漢王復使侯公往說項王項王乃與漢約中分天下割鴻溝以西者爲漢文穎曰於滎陽下引河東南爲鴻溝以通宋鄭陳蔡曹衛與濟汝淮泗會於楚即今官渡水也。正義曰應劭云在滎陽東二十里張華云大梁城在浚儀縣北縣西北渠水東經此城南又北屈分爲二渠其一渠東南流始皇鑿引河水以灌大梁謂之鴻溝楚漢會此處也其一渠東經陽武縣南爲官渡水按張華此說是鴻溝而東者爲楚項王許之即歸漢王父母妻子軍皆呼萬歲漢王乃封侯公爲平國君正義曰楚漢春秋云上欲封之乃肯見曰此天下之辯士所居傾國故號曰平國君按說歸太公呂后能和平郡國匿弗肯復見曰此天

下辯士所居傾國故號爲平國君項王已約乃引兵解而東歸漢欲西歸張良陳平說曰漢有天下太半韋昭曰凡數三分有二爲太半一爲少半而諸侯皆附之楚兵罷食盡此天亡楚之時也不如因其機而遂取之今釋弗擊此所謂養虎自遺患也正義遺唯季反漢王聽之漢五年漢王乃追項王至陽夏如淳曰夏音賈。正義曰括地志云陳州太康縣本漢陽夏縣也續漢書郡國志云陽夏縣屬陳國按太康縣城夏后太康所築隋改陽夏爲太康南止軍與淮陰侯韓信建成侯彭越期會而擊楚軍至固陵徐廣曰在陽夏。駰案晉灼曰即固始也。正義曰括地志云固陵縣名也在陳州宛丘縣西北四十二里而信越之兵不會楚擊漢軍大破之

漢王復入壁深塹而自守謂張子房曰諸侯不
從約爲之柰何對曰楚兵且破信越未有分地
李奇曰信越等未有益地之分也韋昭曰信等雖名爲王未爲所畫經界其不至固宜君王
能與共分天下今可立致也即不能事未可知
也君王能自陳以東傅海正義曰傅音附著也陳即陳州古陳國都也自陳著
海并齊舊地盡與齊王韓信也盡與韓信睢陽以北至穀城正義曰括
地志云穀城故在齊州東阿縣東二十六里睢陽宋州也自宋州以北至濟州穀城際黃河盡與相國彭越以與
彭越使各自爲戰正義爲于僞反則楚易敗也漢王曰
善於是乃發使者告韓信彭越曰并力擊楚楚
破自陳以東傅海與齊王睢陽以北至穀城與

彭相國使者至韓信彭越皆報曰請今進兵韓
信乃從齊往劉賈軍從壽春并行屠城父如淳曰并
行并擊之。正義曰父音甫壽州壽春縣也城父亳州縣也屠謂多刑殺也劉賈入圍壽州引兵過淮北屠殺亳州城父
而東北至垓下至垓下徐廣曰在沛之洨縣洨下交切駰案應劭曰垓音該李奇曰沛洨縣聚邑名也。索
隱曰張揖三蒼注云垓堤名在沛郡。正義曰按垓下是高岡絕巖今猶高三四丈其聚邑及堤在垓之側因取名焉今
在亳州真源縣東十里與老君相接洨音户交反大司馬周殷叛楚以舒屠
六如淳曰以舒之衆屠破六縣。正義曰括地志云舒今廬江則故舒城是也故六城在壽州安豐南百三十二里匽
姓咎繇之後按周殷叛楚兼舉九江郡之兵隨劉賈而至垓下舉九江兵正義曰九江郡壽州也楚
考烈王二十二年自陳徙壽春號云郢至王負芻爲秦將王翦蒙武所滅於此置九江郡應劭云自廬江尋陽分爲北江
隨劉賈彭越皆會垓下詣項王項王軍壁垓下

兵少食盡漢軍及諸侯兵圍之數重夜聞漢軍
四面皆楚歌應劭曰楚歌者謂雞鳴歌也漢已略得其地故楚歌者多雞鳴時歌也。正義曰顏師古
云楚人之歌也猶言吳謳越吟若雞鳴為歌之名於理則可不得云雞鳴時也高祖戚夫人楚舞自為楚歌豈亦雞鳴時
乎按顏說是也項王乃大驚曰漢皆已得楚乎是何楚人
之多也項王則夜起飲帳中有美人名虞徐廣曰一
云姓虞氏。正義曰括地志云虞姬墓在濠州定遠縣東六十里長老傳云項羽美人冢也常幸從駿
馬名騅正義曰音隹顧野王云青白色也釋畜云蒼白雜毛騅也常騎之於是項
王乃悲歌忼慨自為詩曰力拔山兮氣蓋世時
不利兮騅不逝騅不逝兮可柰何虞兮虞兮柰
若何歌數闋美人和之正義曰和音胡卧反楚漢春秋云歌曰漢兵已略地四方

楚歌聲大王意氣盡賤妾何聊生項王泣數行下正義數色庚反行色郎反左右
皆泣莫能仰視於是項王乃上馬騎正義曰其倚反凡單乘曰
騎後同麾下正義麾亦作戲同乎危反壯士騎從者八百餘人直
夜潰圍南出馳走平明漢軍乃覺之令騎將灌
嬰以五千騎追之項王渡淮騎能屬者正義屬音燭
百餘人耳項王至陰陵徐廣曰在淮南。正義曰括地志云陰陵縣故城在濠州定遠
縣西北六十里地理志云陰陵縣屬九江郡迷失道問一田父田父紿曰
左文穎曰紿欺也欺令左去左乃陷大澤中以故漢追及之項
王乃復引兵而東至東城漢書音義曰縣名屬臨淮。正義曰括地志云東城
縣故城在濠州定遠縣東南五十里地理志云東城縣屬九江郡乃有二十八騎漢騎

追者數千人項王自度不得脫謂其騎曰吾起
兵至今八歲矣身七十餘戰所當者破所擊者
服未嘗敗北遂霸有天下然今卒困於此正義曰卒子律反
此天之亡我非戰之罪也今日固決死願爲
諸君快戰必三勝之爲諸君潰圍斬將刈旗令
諸君知天亡我非戰之罪也乃分其騎以爲四
隊四嚮漢軍圍之數重項王謂其騎曰吾爲公
取彼一將令四面騎馳下期山東爲三處正義曰期遇山東分爲三處漢軍不知項羽處括地志云九頭山在滁州全椒縣西北九十六里江表傳云項羽敗至烏江漢兵追羽至此一日九戰因名
於是項王大呼正義曰火故反馳下漢軍皆披

靡正義曰上披彼反靡言精體低垂遂斬漢一將是時赤泉侯爲
騎將追項王項王瞋目而叱之赤泉侯人馬俱
驚辟易數里正義曰言人馬俱驚開張易舊處乃至數里與其騎會爲三
處漢軍不知項王所在乃分軍爲三復圍之項
王乃馳復斬漢一都尉殺數十百人復聚其騎
亡其兩騎耳乃謂其騎曰何如騎皆伏曰如大
王言於是項王乃欲東渡烏江瓚曰在牛渚○索隱曰按晉初屬臨淮○正義曰括地志云烏江亭即和州烏江縣是也晉初爲縣注水經云水又北左傳黃律口漢書所謂烏江亭長檥船以待項羽即此也
烏江亭長檥船待徐廣曰檥音儀一音俄騆案應劭曰檥正也孟康曰檥音蟻附也附船着岸也如淳曰南方人謂整船向岸曰檥○索隱曰檥字諸家各以意解爾鄒誕本作様船以尚反劉氏亦

謂項王曰江東雖小地方千里衆數十萬有此音人亦足王也願大王急渡今獨臣有船漢軍至無以渡項王笑曰天之亡我我何渡爲且籍與江東子弟八千人渡江而西今無一人還縱江東父兄憐而王我我何面目見之縱彼不言籍獨不愧於心乎乃謂亭長曰吾知公長者吾騎正義曰音奇此馬五歲所當無敵嘗一日行千里不忍殺之以賜公乃令騎皆下馬步行持短兵接戰獨籍所殺漢軍數百人項王身亦被十餘創顧見漢騎司馬呂馬童曰若非吾故人乎馬童面之張晏曰以故人故難視斫之故背之如淳曰面不正視也指王翳曰如淳曰指示王翳此項王也項王乃曰吾聞漢購我頭千金正義曰漢以一斤金爲千金當一萬錢也邑萬户吾爲汝德徐廣曰亦可是功德之德○正義曰爲于僞反言呂馬童與項羽先是故人舊有恩德於羽一云德行也乃自刎而死王翳取其頭餘騎相蹂踐爭項王相殺者數十人最其後郎中騎楊喜騎司馬呂馬童郎中呂勝楊武各得其一體五人共會其體皆是分其地爲五封呂馬童爲中水侯索隱曰按晉書地道記其中水縣屬河間○正義曰地理志云中水縣屬涿郡應劭云在易滱二水之中故曰中水封王翳爲杜衍侯索隱曰按地理志縣在南陽按表作王翥也○正義曰括地志云杜衍故縣在鄧州南陽縣西八里封楊喜

爲赤泉侯索隱曰南陽有丹水縣疑赤泉後改按漢書表及後漢作㥛音火志反封楊武
爲吳防侯索隱曰地理志縣名屬汝南故房子國。正義曰吳防豫州縣括地志云吳房縣本漢舊縣孟康云吳王闔廬弟夫概奔楚楚封於此爲唐谿氏本房子國以封吳故曰吳房封呂勝爲涅陽
侯。徐廣曰五人後卒皆謚壯侯。索隱曰地理志南陽縣名。正義曰涅年結反括地志云涅陽故地城在鄧州穰縣東北六十里本漢舊縣也應劭云在涅水之陽項王已死徐廣曰漢五年之十二月也項王以始皇十五年巳巳歲生死時年三十一楚地皆降漢獨魯不下漢乃引天
下兵欲屠之爲其守禮義爲主死節乃持項王
頭視魯魯父兄乃降始楚懷王初封項籍爲魯
公及其死魯最後下故以魯公禮葬項王穀城皇覽曰項羽冢在東郡穀城東去縣十五里。正義曰括地志云項羽墓在濟州東阿縣東二十七里穀城西三里述征

記項羽墓在穀城西北三里半許毀壞有碣石項王之墓漢王爲發哀泣之而去
諸項氏枝屬漢王皆不誅乃封項伯爲射陽侯
正義曰射音食夜反括地志云楚州山陽本漢射陽縣吳地志云在射水之陽故曰射陽桃侯徐廣曰名襄其子舍爲丞相。正義曰括地志云故城在滑州胙城縣東四十里漢書云高祖十二年封劉襄爲桃侯也平皋
侯徐廣曰名佗。正義曰括地志云平皋故城在懷州武德縣東二十里漢平皐縣按他音徒何反玄武
侯徐廣曰諸侯表中不見皆項氏賜姓劉氏
太史公曰吾聞之周生曰文穎曰周時賢者。正義曰孔文祥云周生漢時儒者姓周也按太史公云吾聞之周生則是漢人與太史公耳目相接明矣舜目蓋重瞳子尸子曰舜兩眸子是謂重瞳又聞項羽亦重瞳子羽豈其苗裔邪
何興之暴也夫秦失其政陳涉首難豪傑蠭起

相與並爭不可勝數然羽非有尺寸乘勢起隴畝之中三年遂將五諸侯滅秦（此時山東六國而齊趙韓魏燕五國並起從伐秦故云五諸侯）分裂天下而封王侯政由羽出號爲霸王位雖不終近古以來未嘗有也及羽背關懷楚（正義曰顏師古云背關背約不王高祖於關中懷楚謂思東歸而都彭城）放逐義帝而自立怨王侯叛已難矣自矜功伐奮其私智而不師古謂霸王之業欲以力征經營天下五年卒亡其國（正義曰卒音子律反五年謂高帝元年至五年殺項羽東城）身死東城尚不覺寤而不自責過矣乃引天亡我非用兵之罪也豈不謬哉

索隱述贊曰

亡秦鹿走　僞楚狐鳴
雲鬱沛父　劍挺吳城
勳開魯甸　勢合碭兵
卿子無罪　亞父推誠
始救趙歇　終誅子嬰
違約王漢　背關懷楚
常遷上游　臣迫故主
靈壁大振　成皋久拒
戰非無功　天實不與
嗟彼蓋代　卒爲凶豎

史計九千零九十四字

注計九千三百二十四字

項羽本紀第七　史記七

高祖本紀第八

史記八

高祖 漢書音義曰諱邦張晏曰禮諡法無高以爲功最高而爲漢帝之太祖故特起名焉 **沛豐邑中陽里人姓劉氏** 李斐曰沛小沛也劉氏隨魏徙大梁移在豐居中陽里孟康曰後沛爲郡豐爲縣。索隱曰按高祖劉累之後別食邑於范士會之裔留秦不反更爲劉氏劉氏隨魏徙大梁後居豐今言姓劉氏者是左傳天子建德因生以賜姓胙之土命之氏諸侯以字爲諡因以爲族說者以爲天子賜姓命氏諸侯命族族者氏之別名也然則因生賜姓若舜生姚墟以爲姚姓封之於虞即號有虞氏是也若其後子孫更不得賜姓即遂以虞爲姓云姓虞氏今此云姓劉氏亦其義也故姓者所以統繫百代使不別也氏者所以別子孫之所出又系本篇言姓則在上言氏則在下故五帝本紀云禹姓姒氏契姓子氏弃姓姬氏是也按漢改泗水爲沛郡治相城故註以沛爲小沛也 **字季** 索隱曰按漢書名邦字季此單云字亦又可疑按漢高祖長兄名伯次名仲不見別名則季亦是名也故項岱云高祖小字季即位易名邦後因諱邦不諱季所以季布猶稱姓 **父曰太公** 索隱曰皇甫謐云名執嘉王符云太上皇名煓與湍同音。正義曰春秋握成圖云劉媼夢赤鳥如龍戲己生執嘉 **母曰劉媼** 文穎曰幽州及漢中皆謂老嫗爲媼孟康曰長老尊稱也左師謂太后曰媼愛燕后賢長安君禮樂志地神曰媼媼母別名也音烏老反。索隱曰韋昭云媼婦人長老之稱皇甫謐云媼蓋姓王氏又據春秋握成圖以爲執嘉妻含始游洛池生劉季詩含神霧亦云姓字皆非正史所出蓋無可取今近有人云母溫氏貞時打得班固泗水亭長古碑文其字分明作溫字云母溫氏貞與賈膺復徐彥伯魏奉古等執對反覆沉歎古人未聞聊記異見於何取實也孟康註地神曰媼者禮樂志云后土富媼張晏云坤爲母故稱媼也。正義曰帝王世紀云漢昭靈后含始游洛池有寶雞銜赤珠出炫日后吞之生高祖詩含神霧亦云含始即昭靈后也陳留風俗傳云沛公起兵野戰喪皇妣於黃鄉天下平定使使者以梓宮招幽魂於是丹蛇在水自洒濯入梓宮其浴處有遺髮諡曰昭靈夫人漢儀注云高帝母起兵時死小黃城後於小黃立陵廟括地志云小黃故城在汴州陳留縣東北三十三里顏師古云皇甫謐等妄引讖記好奇騁博強爲高祖父母名字皆非正史所說蓋無取焉寧有劉媼本姓實存史遷肯不詳載即理而言斷可知矣 **其先劉媼嘗息大**

澤之陂夢與神遇是時雷電晦冥太公往視則見蛟龍於其上索隱曰按詩含神霧云赤龍感女媼劉季興又廣雅云有鱗曰蛟龍已而有身遂產高祖高祖為人隆準而龍顔服虔曰準音拙應劭曰隆高也準頰權準也顔額顙也齊人謂之顙汝南淮泗之間曰顙文穎曰準鼻也。索隱曰始皇蜂目長準蓋鼻高起文穎說是高祖感龍而生故其顔貌似龍長頸而高鼻美須髯左股有七十二黑子正義曰河圖云帝劉季口角戴勝斗胷龜背龍股長七尺八寸合成圖云赤帝體為朱鳥其表龍顔多黑子按左陽也七十二黑子者赤帝七十二日之數也木火土金水各居一方一歲三百六十日四方分之各得九十日土居中央並索四季各十八日俱成七十二日故高祖七十二黑子者應火德七十二日之徵也有一本七十日者非也許北人呼為黶子吳楚謂之誌誌記也仁而愛人喜施正義喜許記反施尸豉反意豁如也服虔曰豁達也常有大度不事家人生產作業及壯

試為吏應劭曰試補吏為泗水亭長正義曰秦法十里一亭十亭一鄉亭長主亭之吏高祖為泗水亭長也國語有寓室即今之亭也亭長蓋今里長也民有訟諍吏留平辦得成其政括地志云泗水亭在徐州沛縣東一百步有高祖廟也廷中吏無所不狎侮好酒及色常從王媼武負貰酒韋昭曰貰賖也。索隱曰鄒誕貰音世與字林聲韻並同又音晉時夜反廣雅云貰賖也說文云貰貸也臨淮有貰陽縣漢書功臣表貰陽侯劉纏而此紀作射陽則貰亦射也醉臥武負王媼見其上常有龍怪之高祖每酤留飲酒讎數倍如淳曰讎亦售。索隱曰樂彥云借讎為售蓋古字少假借耳今亦依字讀蓋高祖大度既貰飲且讎其數倍價也及見怪歲竟此兩家常折券棄責索隱曰周禮小司寇云聽稱責以傅別鄭司農云傅別券書也蓋子云傅別謂大字書於札中而別之也然則古用簡札書故可折至歲終揔弃不責也高祖常繇咸陽應劭曰傜役也。索隱曰韋昭云秦所都武帝更名

渭城應劭云今長安也按關中記云孝公都咸陽今渭城是在渭北始皇都咸陽今城南大城是也名咸陽者山南曰陽水北亦曰陽其地在渭水之北又在九峻諸山之南故曰咸陽縱觀觀秦皇帝正義曰包愷云上音館下音官恣意故縱觀也喟然太息曰嗟乎大丈夫當如此也單父人呂公漢書音義曰單音善父音斧○索隱曰韋昭云單父縣名屬山陽崔浩云史失其名但舉姓而言呂公又按漢書舊儀云呂公汝南新蔡人又相經云魏人呂公名文字叔平也善沛令避仇從之客因家沛焉沛中豪桀吏聞令有重客皆往賀蕭何爲主吏孟康曰主吏功曹也主進文穎曰主賦斂禮進爲之帥○索隱曰鄭氏云主賦斂禮錢也顏師古曰進者會禮之財字本作賮聲轉爲進宣帝數賀進義與此同令諸大夫曰正義曰大夫客之貴者惣稱之進不滿千錢坐之堂下高祖爲亭長素易諸吏乃紿爲謁曰應劭曰紿欺也音殆○索隱曰韋昭云紿詐也劉氏云紿欺負也何休云紿疑也謂高祖素狎易諸吏乃詐爲謁謁謂以札書姓名若今之通刺而兼載錢穀也賀錢萬實不持一錢謁入呂公大驚起迎之門呂公者好相人見高祖狀貌因重敬之引入坐蕭何曰劉季固多大言少成事高祖因狎侮諸客遂坐上坐正義上在果反下在卧反無所詘正義音丘勿反酒闌文穎曰闌言希也謂飲酒者半罷半在謂之闌呂公因目固留高祖正義曰不敢對衆顯言故目動而留之高祖竟酒後呂公曰臣少好相人張晏曰古人相與語多自稱臣自卑下之道若今人相與語皆自稱僕相人多矣無如季相願季自愛臣有息女正義曰息生也謂所生之女也願爲季箕帚妾酒罷呂媼怒呂公曰公始常欲奇此女與貴人

沛令善公求之不與何自妄許與劉季呂公曰此非兒女子所知也卒與劉季呂公女乃呂后也生孝惠帝魯元公主服虔曰元長也食邑於魯韋昭曰元謚也。正義曰漢帝制女曰公主儀比諸侯姊妹曰長公主儀比諸侯王姑曰大長公主儀比諸侯王高祖爲亭長時常告歸之田服虔曰告音如嗥呼之嗥李斐曰休謁之名也吉曰告凶曰寧孟康曰古者名吏休假曰告告又音嚳漢律吏二千石有予告賜告予告者在官有功最法所當得者也賜告者病滿三月當免天子優賜復其告使得帶印紱將官屬歸家治疾也。索隱曰韋昭云告請歸乞假也音告語之告戰國策曰商君告歸延篤以爲告歸今之歸寧也劉伯莊顏師古並音古篤服音如嗥呼之嗥按東觀漢記田邑傳云邑年三十歷卿大夫號歸罷厭事少所嗜欲尋號與嗥同古者當有此語今服虔雖據田邑號歸亦恐未爲得然此告字當音誥誥號聲相近故後告歸號歸遂變也呂后與兩子居田中耨有一老父過請飲呂后因餔之正義曰必捕反以食飼人也父本請飲呂后因飼之國語云圍中童子無不餔老父相呂后曰夫人天下貴人令相兩子見孝惠曰夫人所以貴者乃此男也相魯元亦皆貴老父已去高祖適從旁舍來呂后具言客有過相我子母皆大貴高祖問曰未遠乃追及問老父老父曰鄉者夫人嬰兒皆似君君相貴不可言高祖乃謝曰誠如父言不敢忘德及高祖貴遂不知老父處高祖爲亭長乃以竹皮爲冠令求盜之薛治之應劭曰以竹始生皮作冠今鵲尾冠是也求盜者舊時亭有兩卒其一爲亭父掌開閉埽除一爲求盜掌逐捕盜賊薛魯國縣也有作冠師故往治之。索隱曰應劭云一名長冠側竹皮裹以纚前高七寸廣三寸如板又蔡邕獨斷云長冠楚製也高祖以竹皮爲之謂之劉氏冠司馬彪輿服志亦以劉氏冠爲鵲尾冠應劭云舊亭卒名弩父陳楚謂之亭父或云亭部淮泗謂之求盜也時時冠之（正義音館下同）及貴常冠所
謂劉氏冠（正義曰音官顏師古云後號爲劉氏冠其後詔曰爵非公乘以上不得冠劉氏冠即此也）乃
是也高祖以亭長爲縣送徒酈山徒多道亡自
度比至皆亡之（正義度田洛反比必寐反）到豐西澤中止飲夜
乃解縱所送徒曰公等皆去吾亦從此逝矣徒
中壯士願從者十餘人高祖被酒（正義曰被加也）夜徑
澤中（索隱曰舊音經按廣雅云徑小道音古定反言酒後放徒夜徑行澤中不敢由正路且從小徑）令一
人行前（正義行音下孟反）行前者還報曰前有大蛇當徑
（索隱曰鄭玄云步道曰徑）願還高祖醉曰壯士行何畏乃前拔

劍擊斬蛇（索隱曰漢舊儀云斬蛇劍長七尺又高祖云吾以布衣提三尺劍取天下二文不同者崔豹古今註當高祖爲亭長理應提三尺劍耳及貴當別得七尺寶劍故儀因言之。正義曰按其蛇大理須別求是劍斬之三尺劍者常佩之括地志云斬蛇溝源出徐州豐縣中平地故老云高祖斬蛇處至縣西五十里入泡水也）蛇遂
分爲兩（索隱曰謂斬蛇分爲兩段）徑開行數里醉因臥後人來
至蛇所有一老嫗夜哭人問何哭嫗曰人殺吾
子故哭之人曰嫗子何爲見殺嫗曰吾子白帝
子也化爲蛇當道今爲赤帝子斬之（應劭曰秦襄公自以居西戎主少昊之神作西畤祠白帝至獻公時櫟陽雨金以爲瑞又作畦畤祠白帝少昊金德也赤帝堯後謂漢也殺之者明漢當滅秦也秦自謂水漢初自謂土皆失之至光武乃改定。索隱曰按太康地理志云畤在櫟陽故城內其時若畦故曰畦畤畦音戶圭反應註云秦自謂水者按秦文公獲黑龍命河爲德水是也又按春秋合誠圖云水神哭子褒敗宋均

以爲高祖斬白蛇而神母哭則此母水精也此皆謬說又註云至光武乃改者謂改漢爲火德秦爲金德與兩金及赤帝子之理合者也故哭人乃以嫗爲不誠欲笞之徐廣曰一作苦。索隱曰說文云笞擊也漢書作苦謂欲困辱之嫗因忽不見後人至高祖覺索隱曰包愷伯莊音古孝反後人告高祖高祖乃心獨喜自負應劭曰負恃也。索隱曰晉灼云自恃斬蛇事諸從者日益畏之秦始皇帝常曰東南有天子氣於是因東游以厭之索隱曰厭音一涉反又一冉反廣雅云厭鎮也高祖即自疑亡匿隱於芒碭山澤巖石之間徐廣曰芒今臨淮縣也碭縣在梁。駰案應劭曰二縣之界有山澤之固故隱於其間也。正義曰括地志云宋州碭山縣在州東一百五十里本漢碭縣也碭山在縣東呂后與人俱求常得之高祖怪問之呂后曰季所居上常有雲氣

正義曰京房易兆候云何以知賢人隱顏師古曰四方常有大雲五色具而不雨其下有賢人隱矣故呂后望雲氣而得之故從往常得季高祖心喜沛中子弟或聞之多欲附者矣秦二世元年徐廣曰高祖時年四十八。索隱曰應劭云始皇欲以一至萬示不相襲始者一故至子稱二世崔浩云二世始皇子胡亥又按善文稱隱士云趙高爲二世殺十七兄而立今王則二世是第十八子也秋陳勝等起蘄至陳而王號爲張楚索隱曰蘄縣名屬沛音機又音祈諸郡縣皆多殺其長吏以應陳涉沛令恐欲以沛應涉掾主吏蕭何曹參索隱曰按漢書蕭曹傳參爲獄掾何爲主吏乃曰君爲秦吏今欲背之率沛子弟恐不聽願君召諸亡在外者可得數百人因劫衆索隱曰說文云以力脅之也衆不敢不聽乃令樊噲召

劉季劉季之衆已數十百人矣索隱曰漢書作數百人劉伯莊云數十人或至百人則是百人已下也於是樊噲從劉季來沛令後悔恐其有變乃閉城城守欲誅蕭曹蕭曹恐踰城保劉季韋昭曰以爲保鄣劉季乃書帛射城上謂沛父老曰天下苦秦久矣今父老雖爲沛令守諸侯並起今屠沛索隱曰范曄謂剋城多所誅殺故云屠沛今共誅令擇子弟可立者立之以應諸侯則家室完不然父子俱屠無爲也父老乃率子弟共殺沛令開城門迎劉季欲以爲沛令劉季曰天下方擾諸侯並起今置將不善壹敗塗地索隱曰言一朝破敗使肝腦塗地吾非敢自

愛恐能薄正義曰能才能也高祖謙言材能薄劣不能完全其衆能者獸形色似熊足似鹿爲物堅中而強力人之有賢才者皆謂之能也不能完父兄子弟此大事願更相推擇可者蕭曹等皆文吏自愛恐事不就後秦種族其家盡讓劉季諸父老皆曰平生所聞劉季諸珍怪當貴且卜筮之莫如劉季最吉於是劉季數讓衆莫敢爲乃立季爲沛公徐廣曰九月也駰案漢書音義曰舊楚僭稱王其縣宰爲公陳涉爲楚王沛公起應涉故從楚制稱曰公祠黃帝祭蚩尤於沛庭應劭曰左傳曰黃帝戰於阪泉以定天下蚩尤好五兵故祠祭之求福祥也瓚曰管仲云葛盧山交而出水金從之出蚩尤受之以作劒戟。索隱曰按管子云葛盧之山發而出金今註引發作交誤也而釁鼓應劭曰釁祭也殺牲以血塗鼓曰釁瓚曰案禮記及大戴禮有釁廟之禮皆無祭事。索隱曰說文云釁血祭也司

馬法曰血于鼙鼓者神戎器也顏師古曰殺牲以血祭者皆
名爲釁呂蕡以爲皆無祭事非也又古人新成鍾鼎亦必釁
之應劭云釁呼爲釁馬融註周禮灼龜之兆云謂其象
似玉瓦原之釁罅是用名之此說皆非罅音火稼反旗幟
皆赤索隱曰墨翟云幟帛長丈五廣半幅字詁云幟標也字
林又云熊旗五斿謂與士卒爲期於其下故曰旗也幟
或作識或作志誌
康音試蕭該音熾由所殺蛇白帝子殺者赤帝子故
上赤於是少年豪吏如蕭曹樊噲等皆爲收沛
子弟二三千人攻胡陵方與鄭德曰音房豫屬山陽
郡○索隱曰鄧展曰胡
陵縣名屬山陽
章帝改曰胡陸還守豐秦二世二年陳涉之將周
章軍西至戲而還索隱曰應劭云章字文陳人文穎云
戲在新豐東二十里戲亭北孟康云
水名也又述征記云戲水自驪山馮公谷北流歷戲亭東入
渭按今其水東惟有戲驛存還謂爲章邯所破而還邯音酣
燕趙齊魏皆自立爲王索隱曰按高紀二世二年八
月武臣自立爲趙王田儋自

立爲齊王韓廣自立爲
燕王魏咎自立爲魏王項氏起吳秦泗川監平文穎
曰泗
川今沛郡也高祖更名沛秦時御史監郡若今刺史平名也
○索隱曰如淳云秦并天下爲三十六郡置守尉監故此有
監平下有守壯
則平壯皆名也將兵圍豐二日出與戰破之命雍
齒守豐引兵之薛泗川守壯如淳曰
壯名也敗於薛走至
戚如淳曰戚音將毒反○索隱曰晉灼云東海縣也鄭德包
愷並如字讀李登音千笠反○正義曰括地志云沂州臨
沂縣有漢戚縣故城地理
志云臨沂縣屬東海郡沛公左司馬得泗川守壯
殺之索隱曰顏師古云得司馬之名非也按後云左司馬
曹無傷自此已下更不見替易處蓋是左司馬無傷
得泗川守
壯而殺之沛公還軍亢父鄭德曰亢音人相亢荅父音
甫屬任城郡○索隱曰舊音
剛劉伯莊包愷並同音苦浪反○正義曰音剛又
苦浪反括地志云亢父縣也沛公屯軍於此也至方與
周市來攻方與未戰陳王使魏人周市略地周

市使人謂雍齒曰豐故梁徙也 文穎曰梁惠王孫假爲秦所滅轉東徙於豐故曰豐梁徙 今魏地已定者數十城齒今下魏魏以齒爲侯守豐不下且屠豐雍齒雅不欲屬沛公 服虔曰雅故也蘇林曰雅素也 及魏招之即反爲魏守豐沛公引兵攻豐不能取沛公病還之沛沛公怨雍齒與豐子弟叛之聞東陽甯君秦嘉 文穎曰秦嘉東陽郡人也爲甯縣君瓚曰陳勝傳曰廣陵人秦嘉然則嘉非東陽人也秦嘉初起兵於郯號曰大司馬又不爲甯縣君東陽甯君自一人秦嘉又自一人○索隱曰按下文直云東陽甯君又別言秦嘉明臣瓚之說爲得顔師古以甯是姓君者時人號之 立景駒爲假王在留 索隱曰韋昭云今彭城留縣○正義曰括地志云二人留城在徐州沛縣東南五十里即張良所封處 乃往從之欲請兵以攻豐是時秦將

章邯從陳別將司馬𡰥 如淳曰從陳涉將也涉在陳其將相別在他許皆稱陳𡰥章邯司馬○索隱曰謂章邯從陳別將將兵向他處而遣司馬𡰥將領兵士北定楚地孔文祥曰邯別遣𡰥屠相又一說云從謂追逐之言章邯討逐陳別將而司馬𡰥別將兵北定楚地此理亦通也 將兵北定楚地屠相至碭 索隱曰韋昭云相沛縣應劭云碭梁國蘇林音唐又音宕○正義曰括地志云故相城在徐州符離縣西北九十里碭在宋州東一百五十里 東陽甯君沛公引兵西與戰蕭西 索隱曰韋昭云蕭沛之縣名謂在蕭縣之西 不利還收兵聚留引兵攻碭三日乃取碭因收碭兵得五六千人攻下邑拔之 索隱曰范曄云得城爲拔韋昭云下邑縣名屬梁國也 還軍豐聞項梁在薛 正義曰今徐州滕縣故薛城也 從騎百餘往見之 徐廣曰二月 項梁益沛公卒五千人五大夫將十人 蘇林曰五大夫第九爵也

以五大夫爲將凡十人也沛公還引兵攻豐徐廣曰表云拔之雍齒奔魏從項

梁月餘項羽已拔襄城索隱曰韋昭云潁川縣。正義曰襄城許州縣還項

梁盡召別將居薛聞陳王定死因立楚後懷王

孫心爲楚王治盱台索隱曰韋昭云臨淮縣音吁夷。正義曰楚縣也項梁

號武信君居數月北攻亢父救東阿索隱曰韋昭云東郡之縣

名。正義曰濟州縣也破秦軍齊軍歸楚獨追北服虔曰師敗曰北使

沛公項羽別攻城陽屠之索隱曰地理志城陽屬濟陰軍濮陽

之東正義曰濮陽故城在濮州西八十六里本漢濮陽縣與秦軍戰破之秦軍

復振李奇曰振整也如淳曰振起也收敗卒自振迅而復起也守濮陽環水文穎曰決水以

自環守爲固也張晏曰依河水以自環繞作壘。正義曰按二說皆通其濮陽縣北臨黃河言秦軍北阻黃河南鑿溝引

黃河水環繞作壁壘爲固楚軍乃去楚軍去而攻定陶索隱曰地理志云濟陰縣定陶

未下沛公與項羽西略地至雍丘之下索隱曰韋昭云故杞

國今陳留縣與秦軍戰大破之斬李由還攻外黃索隱曰韋

昭云上陳留縣。正義曰在雍丘東外黃未下項梁再破秦軍有驕色

宋義諫不聽索隱曰荀悅漢紀云故楚令尹宋義當別有所出秦益章邯兵

夜銜枚擊項梁周禮有銜枚氏鄭玄曰銜枚止言語囂讙也枚狀如箸橫銜之繣結於項者繣

音獲大破之定陶項梁死沛公與項羽方攻陳留

聞項梁死引兵與呂將軍俱東呂臣軍彭城東

項羽軍彭城西沛公軍碭章邯已破項梁軍則

以爲楚地兵不足憂乃渡河北擊趙大破之當

是之時趙歇爲王索隱曰歇蘇林音如字鄭德音遏絶之遏徐廣音烏轄反今依字讀秦
將王離圍之鉅鹿城此所謂河北之軍也秦二
世三年楚懷王見項梁軍破恐徙盱台都彭城
并呂臣項羽軍自將之以沛公爲碭郡長正義曰括
地志云宋州本秦碭郡蘇林云長如郡守韋昭云秦名曰守是時改曰長封爲武安侯將碭
郡兵封項羽爲長安侯號爲魯公呂臣爲司徒
其父呂青爲令尹索隱曰按表青封信陽侯○正義曰應劭云天子曰師尹諸侯曰令尹時
去六國近故置令尹臣瓚曰諸侯之卿唯楚稱令尹其餘國不稱時立楚之後故置官司皆如楚舊也趙數
請救懷王乃以宋義爲上將軍項羽爲次將范
增爲末將北救趙令沛公西略地入關與諸將
約先入定關中者王之索隱曰韋昭云函谷武關也又三輔舊事云西以散關爲
限東以函谷爲界二關之中謂之關中當是時秦兵彊常乘勝逐北諸
將莫利先入關獨項羽怨秦破項梁軍奮索隱曰韋
昭云憤徼也願與沛公西入關懷王諸老將皆曰項羽
爲人僄悍猾賊索隱曰說文云僄疾也悍勇也亦云僄輕也音四妙反漢書作禍賊也項
羽嘗攻襄城襄城無遺類徐廣曰遺一作噍噍食也音在妙反駰案如淳曰類
無復有活而噍食者也青州俗言無子遺爲無噍類皆阬之諸所過無不殘滅
且楚數進取如淳曰楚謂陳涉也數進取多所攻取前陳王漢書音義曰陳涉也項
梁皆敗不如更遣長者扶義而西正義曰遣長者扶持仁義而西
告諭秦長少令降下也告諭秦父兄秦父兄苦其主久矣今

誠得長者往毋侵暴宜可下今項羽僄悍今徐廣
曰一無此字不可遣獨沛公素寬大長者可遣卒不許
項羽而遣沛公西略地收陳王項梁散卒乃道
碭漢書音義曰道由碭也至成陽與杠里漢書音義曰二縣名。索隱曰成陽縣名在濟
陰韋昭云在潁川非也服虔云杠里縣名如淳云秦軍所屯地名秦軍壁破魏二軍
楚軍出兵擊王離大破之徐廣曰表云三年十月攻破東郡尉及王離軍於成
武南沛公引兵西遇彭越昌邑正義曰地理志云昌邑縣屬山陽括地志云在
曹州成武縣東北三十二里有梁丘故城是也因與俱攻秦軍戰不利還至
栗索隱曰韋昭云縣名屬沛也遇剛武侯應劭曰楚懷王將也漢書音義曰功臣表云棘蒲剛侯陳
武武一姓柴剛武侯宜為剛侯武魏將也瓚曰功臣表柴武以將軍起薛別救東阿至霸上入漢中非懷王將也又非魏

將也剛武未稱謚。正義曰顏師古云史失其名姓唯識其爵號不知誰也不當改為剛侯武應氏以為懷王將又云魏將
無據矣表六年三月封孟顏二人說是奪其軍可四千餘人并之與魏
將皇欣魏申徒武蒲之軍正義曰並魏將也欣字或作訢音許斤反蒲漢書作
滿並通也并攻昌邑昌邑未拔西過高陽文穎曰聚邑名也屬陳留
圉縣瓚曰陳留傳曰在雍丘西南酈食其鄭德曰音歷異基謂監門曰諸將
過此者多吾視沛公大人長者乃求見說沛公
沛公方踞牀使兩女子洗足酈生不拜長揖曰
足下必欲誅無道秦不宜踞見長者於是沛公
起攝衣謝之延上坐食其說沛公襲陳留漢書音義
曰春秋傳曰輕行無鐘鼓曰襲得秦積粟乃以酈食其為廣野君

索隱曰韋昭云在山陽酈商爲將將陳留兵與偕攻開封索隱
曰韋昭云河南縣開封未拔西與秦將楊熊戰白馬索隱曰韋
昭云東郡縣。正義曰括地志云白馬故城在滑州衛南縣西南二十四里戴延之西征記云白馬城故衛之曹邑又
戰曲遇東大破之索隱曰徐廣云曲遇在中牟韋昭云志不載司馬彪郡國志中牟有曲遇
聚也楊熊走之滎陽索隱曰韋昭云故衛地河南縣也二世使使者
斬以徇徐廣曰四月南攻潁陽屠之因張良遂略韓地
轘轅文穎曰河南新鄭南至潁川南北皆韓地也以良累世相韓故因之瓚曰轘轅險道名在緱氏東南。索
隱曰按十三州志云河南緱氏縣以山爲名一云轘轅爲九十二曲是險道也當是時趙別將
司馬卬方欲渡河入關沛公乃北攻平陰地理志河南有
平陰縣今河陰是也絕河津南戰雒陽東軍不利還至陽城

史記高祖紀八　十三

正義曰今洛州夏禹所都收軍中馬騎與南陽守齮戰犨東地理
志南陽有犨縣。索隱曰齮音蟻許慎以爲側齧也破之略南陽郡南陽守齮
走保城守宛正義曰守音狩宛於元反括地志云南陽縣地城在宛大城之南隅其西南有二面皆故
宛城沛公引兵過而西張良諫曰沛公雖欲急入
關秦兵尚衆距險今不下宛宛從後擊彊秦在
前此危道也於是沛公乃夜引兵從他道還更
旗幟黎明圍宛城三匝索隱曰黎音犂黎猶比也謂比至天明也漢書作遲音值
值待也謂待天明時皆言早意也楚漢春秋曰上南攻宛匿旌旗人銜枚馬束舌雞未鳴已圍宛城三匝南陽
守欲自剄其舍人陳恢曰死未晚也乃踰城見
沛公曰臣聞足下約先入咸陽者王之今足下

留守宛宛大郡之都也連城數十人民衆積蓄
多吏人自以爲降必死故皆堅守乘城索隱曰李奇曰乘守
也韋昭曰乘登也今足下盡日止攻士死傷者必多引兵
去宛宛必隨足下後足下前則失咸陽之約後
又有彊宛之患爲足下計莫若約降封其守因
使止守引其甲卒與之西諸城未下者聞聲爭
開門而待足下通行無所累沛公曰善徐廣曰七月也乃
以宛守爲殷侯索隱曰韋昭曰在河内封陳恢千户引兵西
無不下者至丹水正義曰括地志云故丹城在鄧州内鄉縣西南百三十里南去丹水二百步汲冢紀年云后稷放帝子丹朱于丹水是也輿地志云秦爲丹水縣也地理志云丹水縣屬弘農郡抱朴子云丹水出

丹魚先夏至十日夜伺之魚浮水側光照如火網而取之割其血以塗足可以步行水上長居川中不溺高武
侯鰓蘇林曰鰓音魚鰓之鰓晉灼曰功臣表戚鰓也襄侯王陵降西陵韋昭曰漢
封王陵爲安國侯初起兵時在南陽南陽有穰縣疑襄當爲穰而無禾字省耳今邵公或作召字此類多矣瓚曰時韓成
封穰侯江夏有襄是所封。索隱曰按王陵封安國侯是定天下爲丞相時封耳此言襄侯當如臣瓚解蓋初封江夏之
襄也還攻胡陽一云陵。索隱曰韋昭云南陽縣遇番君別將梅鋗與
皆降析酈如淳曰持益反。索隱曰鄒誕生音錫歷蘇林如淳音擲析屬弘農酈屬南陽出地理志而左
傳云析一名白羽析今内鄉縣酈今菊潭縣也遣魏人甯昌使秦使者未來
是時章邯已以軍降項羽於趙矣初項羽與宋
義北救趙及項羽殺宋義代爲上將軍諸將黥
布皆屬破秦將王離軍降章邯諸侯皆附及趙

高已殺二世使人來欲約分王關中沛公以爲
詐乃用張良計使酈生陸賈往說秦將啗以利
因襲攻武關破之索隱曰左傳云楚司馬起豐所以臨上雒謂晉人曰將通於少習杜預以
爲商縣武關又太康地理志武關當冠軍縣西嶢關在武關之西又與秦軍戰於藍田
南益張疑兵旗幟諸所過毋得掠鹵應劭曰鹵與虜同秦
人憙秦軍解因大破之又戰其北大破之乘勝
遂破之
漢元年十月如淳曰張蒼傳云以高祖十月至霸上故因秦以十月爲歲首。正義曰沛公已未年七
月至霸上項羽封十八諸侯沛公漢王後劉項五年戰鬭漢遂滅楚天下歸漢故却書初至霸上戰之沛公
兵遂先諸侯至霸上正義曰故霸陵在雍州萬年縣東北二十五里漢霸陵文帝之陵邑

也東南去霸陵十里地理志云霸陵故芷陽文帝更名三秦記云霸城秦穆公築爲宮因名霸城漢於此置霸陵廟記云
霸城漢文帝築沛公入關遂至霸上即此也秦王子嬰素車白馬係頸以
組封皇帝璽符節索隱曰韋昭云天子印稱璽又獨以玉符發兵將也節使者所擁也說文
云符信也漢制以竹長六寸分而相合釋名云節爲號令賞罰之節也又節毛上下相重取象竹節又漢官儀曰子嬰上
始皇璽因服御之代代傳受號云漢傳國璽。正義曰按天子有六璽皇帝行璽皇帝之璽皇帝信璽天子行璽天子之
璽天子信璽皇帝信璽凡事皆用之璽令施行天子信璽以遷拜封王侯之璽以發兵皆以武都紫泥封青布素白素兩
端無縫三秦記云紫泥水在今成州與地志云漢封詔璽用紫泥則此水之泥也降軹道旁索隱曰軹
音只漢書宮殿疏云軹道亭東去霸城觀四里觀東去霸水百步蘇林云在長安東十三里。正義曰軹音紙括地志云
軹道在雍州萬年縣東北十六里苑中諸將或言誅秦王索隱曰楚漢春秋曰樊噲請殺
之沛公曰始懷王遣我固以能寬容且人已服

降又殺之不祥乃以秦王屬吏正義曰屬之欲反屬付也遂西
入咸陽欲止宮休舍正義曰休息也言欲居止宮殿中而息也樊噲張良
諫乃封秦重寶財物府庫還軍霸上召諸縣父
老豪桀曰父老苦秦苛法久矣誹謗者族索隱曰劉
伯莊樂彥同音方未反偶語者弃市應劭曰秦禁民聚語偶對也瓚曰始皇本紀曰偶語經書者弃
市。索隱曰按禮云刑人於市與衆弃之故今律謂絞刑爲弃市也吾與諸侯約先入關
者王之吾當王關中與父老約法三章耳殺人
者死傷人及盜抵罪應劭曰抵至也又當也除秦酷政但至於罪也李斐曰傷人有曲直
盜賊有多少罪名不可預定故凡言抵罪未知抵何罪也張晏曰秦法一人犯罪舉家及隣伍坐之今但當其身坐合於
康誥父子兄弟罪不相及也。索隱曰韋昭云抵當也謂使各當其罪今按秦法有三族之刑漢但約法三章耳殺人者

死傷人及盜者使之抵罪餘並不論其辜以言省刑也則抵訓爲至殺人以外唯傷人及盜使至罪名耳餘悉
除去秦法諸吏人皆案堵如故應劭曰案次第堵牆堵也凡吾
所以來爲父老除害非有所侵暴無恐且吾所
以還軍霸上待諸侯至而定約束耳乃使人與
秦吏行縣鄉邑告諭之秦人大喜爭持牛羊酒
食獻饗軍士沛公又讓不受曰倉粟多非乏不
欲費人人又益喜唯恐沛公不爲秦王或說沛
公索隱曰楚漢春秋云解先生云遣守函谷無內項王而張良世家云鯫生說我言鯫小也小生即解生曰秦
富十倍天下地形彊今聞章邯降項羽項羽乃
號爲雍王王關中今則來沛公恐不得有此可

急使兵守函谷關正義曰顏師古曰今桃林南有洪溜澗古函谷也其水北流入河西岸猶有舊關餘跡西征記云道形如函也其水山原壁立數十仞谷中容一車無內諸侯軍稍徵關中兵以自益距之沛公然其計從之十一月中項羽果率諸侯兵西欲入關關門閉聞沛公已定關中大怒使黥布等攻破函谷關十二月中遂至戲正義許宜反沛公左司馬曹無傷聞項王怒欲攻沛公使人言項羽曰沛公欲王關中令子嬰為相珍寶盡有之欲以求封正義曰曹無傷欲就項羽求封亞父勸項羽擊沛公索隱曰范增也項羽得范增號曰亞父言尊之亞於父猶管仲齊謂仲父父並音甫方饗士旦日合戰是時項羽兵四十萬號百萬沛公兵十萬號二十萬力不敵會項伯欲活張良夜往見良因以文諭項羽正義曰項羽本紀云項伯曰沛公不先破關中公豈敢入乎今人有大功擊之不義此以文諭之項羽乃止沛公從百餘騎驅之鴻門索隱曰姚察云在新豐古城東未至戲水道南有斷原南北洞門是也見謝項羽項羽曰此沛公左司馬曹無傷言之不然籍何以生此沛公以樊噲張良故得解歸歸立誅曹無傷項羽遂西屠燒咸陽秦宮室所過無不殘破秦人大失望然恐不敢不服耳項羽使人還報懷王懷王曰如約項羽怨懷王不肯令與沛公俱西入關而北救趙後天下約正義曰懷王初

約先入咸陽者王之今羽北救趙故失約在後也乃曰懷王者吾家項梁所立耳非有功伐何以得主約本定天下諸將及籍也乃佯尊懷王為義帝實不用其命正月（正義曰崔浩云史官以正月紀四時故書正月也荀悅云先春後正月也顏師古云凡此諸月號皆太初正曆之後記事者追改之非當時本稱也以十月為歲首即以十月為正月今此正月當是謂之四月也他皆放此）項羽自立為西楚霸王王梁楚地九郡都彭城負約更立沛公為漢王（正義曰梁州本漢中郡以漢水為名）王巴蜀漢中（徐廣曰三十一縣）都南鄭三分關中立秦三將章邯為雍王（正義曰以岐州雍縣為名）都廢丘司馬欣為塞王（正義曰塞先代反韋昭云在長安東名桃林塞按桃林塞今華州潼關也顏師古云取河華之固為阸塞耳非桃林）都櫟陽（索隱曰因葬太上皇故加改名曰萬年）董翳為翟王（正義曰文穎云本上郡秦所置項羽以董翳為王更名曰翟也）都高奴楚將瑕丘申陽為河南王（正義曰在黃河之南故曰河南即今河南府）都洛陽趙將司馬卬為殷王（正義曰以商帝盤庚國殷中之地改商為殷在相州安陽縣即北冢殷墟南去朝歌百三十六里故號殷王都朝歌）都朝歌趙王歇徙王代趙相張耳為常山王都襄國當陽君黥布為九江王都六（索隱曰韋昭云當陽南郡縣名地理志六縣屬六安國）懷王柱國共敖為臨江王（正義曰孟康云本南郡改為臨江國是也）都江陵番君吳芮為衡山王都邾（索隱曰太康地理志云楚滅邾遷其人於江南因名縣）燕將臧荼為燕王都薊故燕王韓廣徙王遼東廣不聽臧荼攻殺之無終封成安君陳餘河間三

縣居南皮封梅銷十萬户四月兵罷戲下（正義曰戲音麾許慎注淮南子云戲大旗也）諸侯各就國漢王之國項王使卒三萬人從楚與諸侯之慕從者數萬人從杜南（正義曰韋昭云杜今陵邑括地志云杜陵故城在雍州萬年縣東南十五里漢杜陵縣宣帝陵邑也北去宣帝陵五里顧記云故杜伯國）入蝕中（李奇曰蝕音力在杜南如淳曰蝕入漢中道川谷名。索隱曰孟康音食王劭按說文作鐖器名也地形似器故名之）去輒燒絶棧道（索隱曰按系家是用張良計也棧道閣道也音士諫反包愷音士版反崔浩云險絶之處傍鑿山巖而施版梁為閣）以備諸侯盜兵襲之亦示項羽無東意至南鄭諸將及士卒多道亡歸士卒皆歌思東歸韓信說漢王曰（徐廣曰韓王信非淮陰侯信也）項羽王諸將之有功者而王獨居南鄭是遷也（韋昭曰若有罪見遷徙）軍吏士卒皆山東之人也日夜跂而望歸（正義曰跂音丘賜反說文云跂舉踵也司馬彪云跂望也）及其鋒而用之可以有大功天下已定人皆自寧不可復用不如決策東鄉爭權天下項羽出關使人徙義帝曰古之帝者地方千里必居上游（正義音流）乃使使徙義帝長沙郴縣趣義帝行（正義趣音促）羣臣稍倍叛之乃陰令衡山王臨江王擊之殺義帝江南項羽怨田榮立齊將田都為齊王田榮怒因自立為齊王殺田都而反楚予彭越將軍印令反梁地楚令蕭公角擊彭越彭越大破之陳餘怨項羽之弗王已也令夏說說田榮正義上音悅下音稅請兵擊張耳齊予陳餘兵擊破常山王張耳張耳亡歸漢迎趙王歇於代復立為趙王趙王因立陳餘為代王項羽大怒北擊齊八月漢王用韓信之計從故道地理志武都有故道縣還襲雍雍王章邯迎擊漢陳倉正義曰今岐州縣也雍兵敗還走止戰好畤孟康曰畤音止神靈之所在也縣名屬右扶風又復敗走廢丘漢王遂定雍地東至咸陽引兵圍雍王廢丘索隱曰按荀悅漢紀令樊噲圍之而遣諸將略定隴西北地上郡令將軍薛歐音惡后反王吸出武關索隱曰按表歐以舍人從為將軍封廣平侯吸以中涓從為將軍封清陽侯因王陵

兵南陽如淳曰王陵亦聚黨數千人居南陽。正義曰括地志云王陵故城在商州上洛縣南三十一里荊州記云昔漢高祖入秦王陵起兵丹水以應之此城王陵所築因名也以迎太公呂后於沛楚聞之發兵距之陽夏索隱曰韋昭云縣名屬淮陽後屬陳夏音更雅反不得前令故吳令鄭昌為韓王距漢兵

二年漢王東略地塞王欣翟王翳河南王申陽皆降韓王昌不聽使韓信擊破之於是置隴西北地上郡渭南徐廣曰後曰京兆河上徐廣曰馮翊中地郡徐廣曰扶風關外置河南郡徐廣曰十月漢王至陝更立韓太尉信為韓王諸將以萬人若以一郡降者封萬戶繕治河上塞晉灼曰晁錯傳秦時北攻胡築河上塞諸故秦苑囿園池皆令

人得田之正月虜雍王弟章平大赦罪人漢王之出關至陝撫關外父老還張耳來見漢王厚遇之二月令除秦社稷更立漢社稷三月漢王從臨晉渡魏王豹將兵從下河内虜殷王置河内郡南渡平陰津至雒陽新城 正義曰括地志云洛州伊闕縣在州南七十里本漢新城也隋文帝改新城爲伊闕取伊闕山爲名也 三老董公遮說漢王 正義曰百官表云十里一亭亭有長十亭一鄉鄉有三老三老掌教化皆秦制也又樂彦云橫道自言曰遮楚漢春秋云董公八十二遂封爲成侯 以義帝死故漢王聞之袒而大哭 如淳曰袒亦如禮袒踊 遂爲義帝發喪臨三日發使者告諸侯曰天下共立義帝北面事之今項羽放殺義帝於

江南大逆無道寡人親爲發喪諸侯皆縞素悉發關内兵收三河士 韋昭曰河南河東河内 南浮江漢以下 正義曰南收三河士發關内兵從雍州入子午道至漢中歷漢水而下從務東行至徐州擊楚 願從諸侯王擊楚之殺義帝者是時項王北擊齊田榮與戰城陽田榮敗走平原 正義曰德州平原縣是 平原民殺之齊皆降楚楚因焚燒其城郭係虜其子女齊人叛之田榮弟橫立榮子廣爲齊王齊王反楚城陽項羽雖聞漢東既已連齊兵欲遂破之而擊漢漢王以故得劫五諸侯兵遂入彭城項羽聞之乃引兵去齊從魯 正義曰兖州曲阜也 出胡陵 正義曰地理志云胡陵在

山陽郡 至蕭 正義曰徐州蕭縣 與漢大戰彭城靈壁東 正義曰在
徐州符離縣西北九十里 睢水上大破漢軍多殺士卒睢水爲
之不流乃取漢王父母妻子於沛置之軍中以
爲質當是時諸侯見楚彊漢敗還皆去漢復爲
楚塞王欣亡入楚呂后兄周呂侯爲漢將兵居
下邑 徐廣曰在梁 漢王從之稍收士卒軍碭漢王乃西
過梁地至虞 徐廣曰在梁 使謁者隨何之九江王布所
曰公能令布舉兵叛楚項羽必留擊之得留數
月吾取天下必矣隨何往說九江王布布果背
楚楚使龍且往擊之漢王之敗彭城而西行使
人求家室家室亦亡不相得敗後乃獨得孝惠
六月立爲太子大赦罪人令太子守櫟陽諸侯
子在關中者皆集櫟陽爲衛引水灌廢丘廢丘
降章邯自殺更名廢丘爲槐里於是令祠官祀
天地四方上帝山川以時祀之興關內卒乘塞
李奇曰乘守也 是時九江王布與龍且戰不勝與隨何閒
行歸漢漢王稍收士卒與諸將及關中卒益出
是以兵大振滎陽破楚京索閒
三年魏王豹謁歸視親疾至即絕河津反爲楚
漢王使酈生說豹豹不聽漢王遣將軍韓信擊

大破之虜豹遂定魏地置三郡曰河東正義曰今蒲州也
太原正義曰今并州上黨正義曰今潞州漢王乃令張耳與韓信
遂東下井陘擊趙斬陳餘趙王歇其明年立張
耳為趙王漢王軍滎陽南築甬道正義曰甬音勇韋昭云起土築
墻中間為道應劭云恐敵抄輜重故築垣墻如街巷屬之河以取敖倉正義曰孟康云敖地
名在滎陽西北山上臨河有大倉太康地理志云秦建敖倉於成皐與項羽相距歲餘項
羽數侵奪漢甬道漢軍乏食遂圍漢王漢王請
和割滎陽以西者為漢項王不聽漢王患之乃
用陳平之計予陳平金四萬斤以間疏楚君臣
於是項羽乃疑亞父亞父是時勸項羽遂下滎

陽及其見疑乃怒辭老願賜骸骨歸卒伍未至
彭城而死漢軍絕食乃夜出女子東門二千餘
人被甲楚因四面擊之將軍紀信乃乘王駕詐
為漢王誑楚楚皆呼萬歲之城東觀以故漢王
得與數十騎出西門遁令御史大夫周苛魏豹
樅公守滎陽諸將卒不能從者盡在城中周苛
樅公相謂曰反國之王難與守城因殺魏豹徐廣
曰案月表三年七月王出滎陽八月殺魏豹而又云四年三月周苛死四月魏豹死二者不同項羽殺紀信周苛樅公皆
是三年中漢王之出滎陽入關收兵欲復東袁生說
漢王曰漢與楚相距滎陽數歲漢常困願君王

出武關項羽必引兵南走王深壁令滎陽成皐
間且得休使韓信等輯河北趙地連燕齊君王
乃復走滎陽未晚也如此則楚所備者多力分
漢得休復與之戰破楚必矣漢王從其計出軍
宛葉間正義曰宛於元反葉式涉反宛鄧州縣也葉汝州縣水經注云本楚惠王封諸梁子兼號曰葉城即
子高之故邑也與黥布行收兵項羽聞漢王在宛果引兵
南漢堅壁不與戰是時彭越渡睢水與項聲薛
公戰下邳彭越大破楚軍項羽乃引兵東擊彭
越漢王亦引兵北軍成皐項羽已破走彭越聞
漢王復軍成皐乃復引兵西拔滎陽誅周苛樅

公而虜韓王信遂圍成皐漢王跳徐廣曰音逃。索隱曰如淳云
跳走也晉灼按劉澤傳跳驅至長安說文音徒調反通俗文云超通爲跳獨與滕公共車出
成皐玉門徐廣曰項羽紀云北門名玉門。索隱曰夏侯嬰爲滕令故呼爲滕公北渡河
馳宿脩武自稱使者晨馳入張耳韓信壁而奪
之軍乃使張耳北益收兵趙地使韓信東擊齊
漢王得韓信軍則復振引兵臨河南鄉軍小脩
武南晉灼曰在大脩武城東欲復戰郎中鄭忠乃說止漢王
使高壘深塹勿與戰漢王聽其計使盧綰蘇林曰綰
音以繩綰結物之綰劉賈將卒二萬人騎數百渡白馬津索隱
曰即黎陽津也南界東郡白馬縣入楚地與彭越復擊破楚軍燕郭

西索隱曰故南燕國也在東郡秦以爲縣遂復下梁地十餘城淮陰已受命東未渡平原漢王使酈生往說齊王田廣廣叛楚與漢和共擊項羽韓信用蒯通計遂襲破齊齊王亨酈生東走高密項羽聞韓信已舉河北兵破齊趙且欲擊楚則使龍且周蘭徐廣曰一作簡往擊之韓信與戰騎將灌嬰擊大破楚軍殺龍且齊王廣犇彭越當此時彭越將兵居梁地往來苦楚兵絕其糧食

四年項羽乃謂海春侯大司馬曹咎曰謹守成皐若漢挑戰正義挑田平反下同愼勿與戰無令得東而已

我十五日必定梁地復從將軍乃行擊陳留外黃睢陽下之漢果數挑楚軍楚軍不出使人辱之五六日大司馬怒度兵氾水正義曰氾音祀在成皐故城東士卒半渡漢擊之大破楚軍盡得楚國金玉貨賂大司馬咎長史欣皆自剄氾水上項羽至睢陽聞海春侯破乃引兵還漢軍方圍鍾離眛於滎陽東項羽至盡走險阻韓信已破齊使人言曰齊邊楚文穎曰邊近也權輕不爲假王恐不能安齊漢王欲攻之留侯曰不如因而立之使自爲守乃遣張良操印綬立韓信爲齊王徐廣曰二月項羽聞龍

且軍破則恐使盱台人武涉往說韓信韓信不
聽楚漢久相持未決丁壯苦軍旅老弱罷轉饟
漢王項羽相與臨廣武之間而語項羽欲與漢
王獨身挑戰漢王數項羽曰始與項羽俱受命
懷王曰先入定關中者王之項羽負約王我於
蜀漢罪一（索隱曰負音佩也）項羽矯殺卿子冠軍而自尊
罪二（徐廣曰卿一作慶○索隱曰韋昭云宋義之號如淳曰卿者卿大夫之尊子者子男之爵冠者人之首也尊宋義故加此號）項羽已救趙當還報而擅劫諸侯兵入關
罪三懷王約入秦無暴掠項羽燒秦宮室掘始
皇帝冢私收其財物罪四又彊殺秦降王子嬰

罪五詐阬秦子弟新安二十萬王其將罪六項
羽皆王諸將善地（索隱曰謂章邯等）而徙逐故主（索隱曰謂田氏趙歇韓廣之屬也）
令臣下爭叛逆罪七項羽出逐義帝彭城
自都之奪韓王地并王梁楚多自予罪八項羽
使人陰弒義帝江南罪九夫為人臣而弒其主
殺已降為政不平主約不信天下所不容大逆
無道罪十也吾以義兵從諸侯誅殘賊使刑餘
罪人擊殺項羽何苦乃與公挑戰項羽大怒伏
弩射中漢王漢王傷胷乃捫足曰虜中吾指（索隱曰捫摸也中胷而捫足者蓋以矢初中痛悶不知所在故爾或云胷而捫足權以安士卒之心也）漢王病

創卧張良彊請漢王起行勞軍以安士卒毋令楚乘勝於漢漢王出行軍正義行寒孟反病甚因馳入成皋索隱曰三輔故事曰楚漢相拒於京索間六年身被大創十二矢石通中過者有四言漢王病創也病愈西入關至櫟陽存問父老置酒梟故塞王欣頭櫟陽市索隱曰梟懸首於木也欣自剄於汜水上令梟之於櫟陽者以舊都故梟以示之也留四日復如軍軍廣武關中兵益出當此時彭越將兵居梁地往來苦楚兵絶其糧食田横往從之項羽數擊彭越等齊王信又進擊楚項羽恐乃與漢王約中分天下割鴻溝而西者為漢鴻溝而東者為楚索隱曰應劭云在滎陽東南二十里蓋引河東南入淮泗也張華云一渠東流經浚儀是

始皇所鑿引河灌大梁謂之鴻溝一渠東至陽武南為官渡水北征記云中牟臺下臨汴水是為官渡水也項王歸漢王父母妻子軍中皆呼萬歲乃歸而別去項羽解而東歸漢王欲引而西歸用留侯陳平計乃進兵追項羽至陽夏南止軍與齊王信建成侯彭越期會而擊楚軍至固陵不會楚擊漢軍大破之漢王復入壁深塹而守之用張良計於是韓信彭越皆往及劉賈入楚地圍壽春正義曰今壽州漢王敗固陵晉灼曰即固始乃使使者召大司馬周殷舉九江兵而迎之徐廣曰周殷以兵隨劉賈武王行屠城父正義曰父音甫今亳州縣隨何劉賈齊梁諸侯皆大會垓下徐廣

曰七月立武王布爲淮南王
五年高祖與諸侯兵共擊楚軍與項羽決勝垓
下淮陰侯將三十萬自當之孔將軍居左費將
軍居右皇帝在後絳侯柴將軍在皇帝後項羽
之卒可十萬淮陰先合不利却孔將軍費將軍
縱正義曰二人韓信將也縱兵擊項羽也以縱字爲絕句孔將軍蓼侯孔熙費將軍費侯陳賀也楚兵不
利淮陰侯復乘之正義曰復扶富反乘猶登也進也大敗垓下項
羽卒聞漢軍之楚歌索隱曰應劭云今雞鳴歌也顏游秦云楚歌猶吳謳也按高祖令戚夫人楚舞自爲楚歌是楚人之歌聲也以爲漢盡得楚地項羽乃敗而
走是以兵大敗使騎將灌嬰追殺項羽東城徐廣
曰十二月斬首八萬遂略定楚地魯爲楚堅守不下
漢王引諸侯兵北示魯父老項羽頭魯乃降遂
以魯公號葬項羽穀城還至定陶馳入齊王壁
奪其軍正月諸侯及將相相與共請尊漢王爲
皇帝漢王曰吾聞帝賢者有也空言虛語非所
守也吾不敢當帝位羣臣皆曰大王起微細誅
暴逆平定四海有功者輒裂地而封爲王侯大
王不尊號皆疑不信臣等以死守之漢王三讓
不得已曰諸君必以爲便便國家甲午徐廣曰月甲午乃
即皇帝位汜水之陽蔡邕曰上古天子稱皇其次稱帝其次稱王秦承三王之末爲漢驅

除自以德兼三皇五帝故并以爲號漢高祖受命功德宜之因而不改○正義曰汜音敷劒反括地志云高祖即位壇在曹州濟陰縣界張晏曰汜水在濟陰界取其汜愛弘大而潤下皇帝曰義帝無後齊王韓信習楚風俗徙爲楚王都下邳正義曰音被悲反泗州下邳縣是楚王韓信之都立建成侯彭越爲梁王都定陶正義曰曹州濟陰縣城是梁王彭越之都故韓王信爲韓王都陽翟正義曰洛州陽翟縣是韓王信之都徙衡山王吳芮爲長沙王都臨湘正義曰括地志云潭州長沙縣本漢臨湘縣長沙王吳芮都之芮墓在長沙縣北四里番君之將梅鋗有功從入武關故德番君淮南王布燕王臧荼趙王敖皆如故天下大定高祖都雒陽諸侯皆臣屬故臨江王驩徐廣曰一作尉爲項羽叛漢令盧綰劉賈圍之

不下數月而降殺之雒陽五月兵皆罷歸家諸侯子在關中者復之十二歲其歸者復之六歲食之正義食音寺一歲高祖置酒雒陽南宮正義曰括地志云南宮在雒州雒陽縣東北二十六里洛陽故城中輿地志云秦時已有南北宮高祖曰列侯諸將無敢隱朕皆言其情吾所以有天下者何項氏之所以失天下者何高起王陵對曰孟康曰姓高名起瓚曰漢帝年紀高帝時有信平侯臣陵都武侯臣起魏相丙吉奏事高帝時奏事有將軍臣陵臣起陛下慢而侮人項羽仁而愛人然陛下使人攻城略地所降下者因以予之與天下同利也項羽妬賢嫉能有功者害之賢者疑之戰勝而不予人功得

地而不予人利此所以失天下也高祖曰公知其一未知其二夫運籌策帷帳之中決勝於千里之外吾不如子房鎮國家撫百姓給餽饟不絶糧道吾不如蕭何連百萬之軍戰必勝攻必取吾不如韓信此三者皆人傑也吾能用之此吾所以取天下也項羽有一范增而不能用此其所以爲我擒也高祖欲長都雒陽齊人劉敬說及留侯勸上入都關中高祖是日駕入都關中六月大赦天下十月燕王臧荼反攻下代地高祖自將擊之得燕王臧荼即立太尉盧綰爲

燕王使丞相噲將兵攻代其秋利幾反正義曰幾音機姓名也項羽之將爲陳縣令降漢高帝斷諸侯利幾恐故反高祖自將兵擊之利幾走利幾者項氏之將項氏敗利幾爲陳公不隨項羽亡降高祖高祖侯之潁川高祖至雒陽舉通侯籍召之如淳曰得在通侯之籍而利幾恐故反

六年高祖五日一朝太公如家人父子禮太公家令說太公曰天無二日土無二王今高祖雖子人主也太公雖父人臣也奈何令人主拜人臣如此則威重不行後高祖朝太公擁篲李奇曰爲恭也如今卒持帚者也迎門却行高祖大驚下扶太公太公

曰帝人主也奈何以我亂天下法於是高祖乃
尊太公爲太上皇蔡邕曰不言帝非天子也○索隱曰按本紀秦始皇追尊莊襄王爲太上
皇巳有故事矣蓋太上者無上也皇者德大於帝故尊其父號太上皇也心善家令言賜金
五百斤索隱曰顔氏按荀悅云故雖天子必有尊也無父猶設三老況其存乎家令之言過矣晉劉寶云善
其發悟已心因得尊崇父號也十二月人有上變事告楚王信謀
反上問左右左右爭欲擊之用陳平計乃僞遊
雲夢韋昭曰在南郡華容縣會諸侯於陳楚王信迎即因執
之是日大赦天下田肯賀索隱曰漢紀及漢書作宵劉顯云相傳作肯也因
說高祖曰陛下得韓信又治秦中如淳曰時山東人謂關中爲秦
中秦形勝之國張晏曰秦地帶山河得形勢之勝便者○索隱曰韋昭云地形險固故能勝人

也帶河山之險縣隔千里持戟百萬秦得百二
焉應劭曰山河之險與諸侯相懸隔地絕千里所以能禽諸侯者得天下之利百二也李斐曰河山之險內地勢高順
流而下易故天下於秦懸隔千里持戟百萬秦得百二焉蘇林曰得百中之二焉秦地險固二萬人足當諸侯百萬人也
○索隱曰服虔云謂函谷關去長安千里爲懸隔按文以何山險固形勝其勢如隔千里虞喜云百二者得百之二言諸
侯持戟百萬秦地險固百倍於天下故云得百二焉言倍之也蓋言秦兵當二百萬也齊得十二亦如之故爲東西秦言
勢相敵但立文相避故云十二言餘諸侯十萬齊地形號亦倍於他國當二十萬人地勢便利其
以下兵於諸侯譬猶居高屋之上建瓴水也如淳
曰瓴盛水瓶也居高屋之上而幡瓴水言其向下之勢易也建音蹇晉灼曰許慎曰瓴甕似瓶者夫齊東
有琅邪即墨之饒南有泰山之固西有濁河之
限晉灼曰齊西有平原河水東北過高唐高唐即平原也孟津號黃河故曰濁河北有勃海之

利索隱曰崔浩云勃旁跌也旁跌出者横在濟北故齊都賦云海旁出爲勃名曰勃海郡地方二千里持戟百萬縣隔千里之外索隱曰以言齊境闊不啻千里故云千里之外齊得十二焉應劭曰齊得十之二故齊愍王稱東帝後復歸之卒爲秦所滅者利鈍之勢異也李斐曰齊有山河之限地方二千里是爲天下懸隔也設有持戟百萬之衆齊得十中之二焉百萬十分之二亦二十萬也但丈相避耳故言東西秦其勢亦敵也蘇林曰十二得十中之二二十萬人當百萬言齊雖固不如秦二萬乃當百萬故此東西秦也非親子弟莫可使王齊矣高祖曰善賜黃金五百斤後十餘日封韓信爲淮陰侯分其地爲二國高祖曰將軍劉賈數有功以爲荆王索隱曰乃王吳地在淮東也姚察按虞喜云揔言吳別言荆者以山命國也今西南有荆山在陽羨界賈封吳地而號荆王指取此義太康地理志陽羨縣本名荆溪王淮東弟交爲楚王王

淮西子肥爲齊王王七十餘城民能齊言者皆屬齊漢書音義曰此言時民流移故使齊言者還齊也。正義曰按言齊之遠國次秦中故封子肥七十餘城近齊城邑能齊言者咸割屬齊親子故大其都也孟說恐非乃論功與諸列侯剖符行封徙韓王信太原索隱曰信初都陽翟也七年匈奴攻韓王信馬邑正義曰搜神記云昔秦人築城於武周塞以備胡城將成而崩者數矣有馬馳走周旋反覆父老異之因依以築城乃不崩遂名馬邑括地志云朔州城漢鴈門即馬邑縣城也攻韓信於馬邑即此城信因與同謀反太原白土徐廣曰在上郡曼丘臣王黃立故趙將趙利爲王以反高祖自往擊之會天寒士卒墮指者什二三遂至平城正義曰括地志云朔州定襄縣本漢平城縣縣東北三十里有白登山山上有臺名曰白登臺漢書匈奴傳云冒頓圍高帝於

白登七日即此也服虔云白登臺名去平城七里李穆叔趙記云平城東七里有土山高百餘尺方十餘里亦謂此也

匈奴圍我平城七日而後罷去令樊噲止定代地立兄劉仲爲代王二月高祖自平城過趙雒陽至長安長樂宮成丞相已下徙治長安索隱曰漢儀注高祖六年更名咸陽曰長安三輔舊事渭城本咸陽地高帝爲新城七年屬長安也

八年高祖東擊韓王信餘反寇於東垣地理志云東垣高帝更名曰眞定蕭丞相營作未央宮正義曰括地志云未央宮在雍州長安縣西北十里長安故城中顏師古云未央殿雖南嚮而當上書奏事謁見之徒皆詣北闕公車司亦在北焉是則以北闕爲正門而又有東門東闕至於西南兩無門闕也蕭何初立未央宮以厭勝之術理宜然也按北闕爲正者蓋象秦作前殿渡渭水屬之咸陽以象天極閣道絕漢抵營室立東闕北闕闕中記曰東有蒼龍闕北有玄武闕玄武所謂

北闕。索隱曰東闕名蒼龍北闕名玄武無西南二闕者蓋蕭何以厭勝之法故不立說文云闕門觀也秦家舊宮皆在渭北而立東闕北闕蓋取其便前殿武庫太倉高祖還見宮闕壯甚怒謂蕭何曰天下匈匈苦戰數歲成敗未可知是何治宮室過度也蕭何曰天下方未定故可因遂就宮室且夫天子以四海爲家非壯麗無以重威且無令後世有以加也高祖乃說高祖之東垣過栢人正義曰括地志云栢人故城在邢州栢人縣西北十二里漢栢人屬趙國趙相貫高等謀弒高祖高祖心動因不留代王劉仲棄國亡自歸雒陽廢以爲合陽侯正義曰括地志云郃陽故城在同州河西縣三里魏文侯十七年攻秦至鄭而還築在郃水之陽也

九年趙相貫高等事發覺夷三族廢趙王敖爲
宣平侯是歲徙貴族楚昭屈景懷齊田氏關中
未央宮成高祖大朝諸侯羣臣置酒未央前殿
高祖奉玉卮應劭曰卿飲酒禮器也受四升起爲太上皇壽曰始大
人常以臣無賴晉灼曰許愼曰賴利也無利入於家也或曰江湖之閒謂小兒多詐狡猾爲無
賴不能治產業不如仲力今某之業所就孰與
仲多殿上羣臣皆呼萬歲大笑爲樂
十年十月淮南王黥布梁王彭越燕王盧綰荊
王劉賈楚王劉交齊王劉肥長沙王吳芮皆來
朝長樂宮正義曰括地志云秦櫟陽故宮在雍州櫟陽縣北三十五里秦獻公所造三輔黃圖云高祖都

長安未有宮室居櫟陽宮也春夏無事七月太上皇崩櫟陽宮
楚王梁王皆來送葬漢書云葬萬年赦櫟陽囚更命酈邑
曰新豐正義作麗音力知反括地志云新豐故城在雍州新豐縣西南四里漢新豐宮也太上皇時悽愴不
樂高祖切因左右問故荅以平生所好皆屠販少年酤酒賣雞蹴踘以此爲歡今皆無此故不樂高祖乃作新豐徙諸故
人實之太上皇乃悅按前于麗邑築城寺徙其民實之未改其名太上皇崩後命曰新豐八月趙相國
陳豨鄧展曰東海人名豨曰豨反代地上曰豨嘗爲吾使甚有
信代地吾所急也故封豨爲列侯徐廣曰豨攻定臧荼有功封陽
夏侯以相國守代今乃與王黃等劫掠代地代地
吏民非有罪也其赦代吏民九月上自東往擊
之至邯鄲上喜曰豨不南據邯鄲而阻漳水吾

知其無能爲也聞豨將皆故賈人也上曰吾知
所以與之乃多以金啗豨將豨將多降者
十一年高祖在邯鄲誅豨等未畢豨將侯敞將
萬餘人游行王黃軍曲逆 文穎曰今中山蒲陰是 張春渡河
正義曰陳豨將也又劉伯莊云彼時聊城在黃河之東王莽時乾今濁河西北也今在博州西北深丘道里記云王莽元
城人居近河側祖父墳墓爲水所衡引河入深川此王莽河因枯也 擊聊城 徐廣曰在平原○正義曰括地
志云故聊城在博州聊城縣西二十里春秋時齊之西界聊攝也戰國時亦爲齊地秦漢皆爲東郡之聊城也 漢使
將軍郭蒙與齊將擊大破之太尉周勃 漢書百官表曰太尉
秦官應劭曰自上安下曰尉武官悉以爲稱 道太原入 韋昭曰道猶從 定代地至馬
邑馬邑不下即攻殘之豨將趙利守東垣高祖

攻之不下月餘卒罵高祖高祖怒城降令出罵
者斬之不罵者原之於是乃分趙山北立子恒
以爲代王都晉陽 如淳曰文紀言都中都又文帝過太原復晉陽中都二歲似遷都於中都也
春淮陰侯韓信謀反關中夷三族夏梁王彭
越謀反廢遷蜀復欲反遂夷三族立子恢爲梁
王子友爲淮陽王秋七月淮南王黥布反東并
荊王劉賈地北渡淮楚王交走入薛高祖自往
擊之立子長爲淮南王
十二年十月高祖已擊布軍會甀 徐廣曰在蘄縣西駰案漢書音
義曰會音儈保邑名甀音直僞反○索隱曰漢書甀作缶音保非也 布走令別將追之高

祖還歸過沛留置酒沛宮（正義曰括地志云沛宮故地在徐州沛縣東南二十里一步）
悉召故人父老子弟縱酒發沛中兒得百二
十人教之歌酒酣（應劭曰不醒不醉曰酣一曰酣洽也）高祖擊筑（韋昭曰筑
古樂有弦擊之不鼓。正義曰音竹應劭云狀似瑟而大頭安弦以竹擊之故名曰筑顏師古云今筑形似瑟而小細項）
自為歌詩曰大風起兮雲飛揚威加海內兮歸
故鄉安得猛士兮守四方令兒皆和習之高祖
乃起舞慷慨傷懷泣數行下謂沛父兄曰游子
悲故鄉吾雖都關中萬歲後吾魂魄猶樂思沛
且朕自沛公以誅暴逆遂有天下其以沛（風俗通義曰漢
書註沛人語初發聲皆言其者楚言也高祖始登帝位教令言其後以為常耳）為朕湯沐邑復

其民世世無有所與沛父兄諸母故人日樂飲
極驩道舊故為笑樂十餘日高祖欲去沛父兄
固請留高祖高祖曰吾人衆多父兄不能給乃
去沛中空縣皆之邑西獻（如淳曰獻牛酒）高祖復留止
張（張晏曰張帷帳。正義音張亮反）飲三日沛父兄皆頓首曰沛幸
得復豐未復唯陛下哀憐之高祖曰豐吾所生
長極不忘耳吾特為其以雍齒故反我為魏沛
父兄固請乃并復豐比沛於是拜沛侯劉濞（服虔
曰濞音帔）為吳王漢將別擊布軍洮水南北（徐廣曰洮音道在江
淮閒）皆大破之追得斬布鄱陽樊噲別將兵定代

斬陳豨當城（索隱曰代之縣名。正義曰括地志云當城在蔚州定襄縣界土地十三州記云當城在
高柳東八十里縣當常山故曰當城）十一月高祖自布軍至長安十二
月高祖曰秦始皇帝楚隱王（索隱曰世家作幽王名擇負芻之兄）陳涉
魏安釐王（索隱曰史闕名昭王之子王假之祖）齊湣王（索隱曰名地宣王子王建祖）趙
悼襄王（索隱曰名偃孝成王冊之子幽王遷之父）皆絕無後予守冢各十
家秦皇帝二十家魏公子無忌五家赦代地吏
民為陳豨趙利所劫掠者皆赦之陳豨降將言
豨反時燕王盧綰使人之豨所與陰謀上使辟
陽侯迎綰（正義曰審食其也括地志云辟陽故城在冀州信都縣西三十五里漢舊縣）綰稱
病辟陽侯歸具言綰反有端矣二月使樊噲周

勃將兵擊燕王綰赦燕吏民與反者立皇子建
為燕王高祖擊布時為流矢所中行道病病甚
呂后迎良醫醫入見高祖問醫醫曰病可治於
是高祖嫚罵之曰吾以布衣持三尺劍取天下
此非天命乎命乃在天雖扁鵲何益遂不使治
病賜金五十斤罷之已而呂后問陛下百歲後
蕭相國即死令誰代之上曰曹參可問其次上
曰王陵可然陵少戇陳平可以助之陳平智有
餘然難以獨任周勃重厚少文然安劉氏者必
勃也可令為太尉呂后復問其次上曰此後亦

非兩所知也盧綰與數千騎居塞下候伺幸上病愈自入謝四月甲辰高祖崩長樂宮皇甫謐曰高祖以秦昭王五十一年生至漢十二年年六十三四日不發喪呂后與審食其謀曰諸將與帝爲編戶民今北面爲臣此常怏怏今乃事少主非盡族是天下不安人或聞之語酈將軍漢書曰酈商酈將軍往見審食其曰吾聞帝已崩四日不發喪欲誅諸將誠如此天下危矣陳平灌嬰將十萬守滎陽樊噲周勃將二十萬定燕代此聞帝崩諸將皆誅必連兵還鄉以攻關中大臣內叛諸侯外反亡可翹足而待也審

食其入言之乃以丁未發喪大赦天下盧綰聞高祖崩遂亡入匈奴丙寅葬徐廣曰五月己巳立太子正義曰丙寅葬後四日至己巳即立太子爲帝有本脫巳字者妄引漢書云巳下者非至太上皇廟正義曰三輔黃圖云太上皇廟在長安城香室南馮翊府北括地志云漢太上皇廟在雍州長安縣西北長安故城中酒池之北高帝廟北高帝廟亦在故城中也群臣皆曰高祖起微細撥亂世反之正平定天下爲漢太祖功最高上尊號爲高皇帝太子襲號爲皇帝孝惠帝也令郡國諸侯各立高祖廟以歲時祠及孝惠五年思高祖之悲樂沛以沛宮爲高祖原廟徐廣曰光武紀曰上幸豐祠高祖於原廟駰案謂原者再也先既已立廟今又再立故謂之原廟高祖所教歌兒百二十人

皆今爲吹樂後有缺輒補之高帝八男長庶齊悼惠王肥次孝惠呂后子次戚夫人子趙隱王如意次代王恒已立爲孝文帝薄太后子次梁王恢呂太后時徙爲趙共王次淮陽王友呂太后時徙爲趙幽王次淮南厲王長次燕王建

太史公曰夏之政忠忠之敝小人以野鄭玄曰忠質厚也野少禮節也故殷人承之以敬敬之敝小人以鬼鄭玄曰多威儀如事鬼神故周人承之以文文之敝小人以僿徐廣曰一作薄駰案史記音隱曰僿音西志反鄭玄曰文尊卑之差也薄苟習文法無悃誠也○索隱曰鄭音先代反鄒本作薄音扶各反本一作僿而徐廣云一作薄是本亦不同也然此語本出禮表記作其民之敝利而巧文而不慙賊而蔽也裴又引音隱云僿音先志者蔽僿聲相近故以蔽爲僿耳故救僿莫若以忠鄭玄曰復反始三王之道若循環終而復始周秦之閒可謂文敝矣秦政不改反酷刑法豈不繆乎故漢興承敝易變使人不倦得天統矣朝以十月車服黃屋左纛葬長陵皇甫謐曰長陵山東西廣百二十步高十三丈在渭水北去長安城三十五里○正義曰括地志云長陵在雍州咸陽縣東三十里

索隱述贊曰

高祖初起　始自徙中　言從泗上
即號沛公　嘯命豪傑　奮發材雄
彤雲鬱碭　素靈告豐　龍變星聚

蛇分徑空　項氏主命　負約棄功
王我巴蜀　實憤于衷　三秦既北
五兵遂東　汜水即位　咸陽築宮
威加四海　還歌大風

高祖本紀第八　史記八